目次

20の大切なこと

記入日
年　　　月　　　日

この特集は「人生帳」の入門編です。
ご自分の基本情報、今後の人生の希望、財産一覧、もしもの備え…。
これからの人生を踏み出す上で大切な20項目を厳選しました。
選択回答が多いので、短時間で要点を整理できるでしょう。
さらに書き込みたい事柄は、第1部以降へどうぞ。

❶ あなたについて

名　前	
住　所	〒　　　　　-
本籍地	〒　　　　　-
電話番号	（　　　　　　　）
生年月日	大正・昭和・平成　　　年（19　　年）　　　月　　　日

❷ 緊急連絡先（家族または親しい友人）

		続柄	
名　前		続柄	
住　所	〒　　　　　-		
電話番号	（　　　　　　　）		

❸ 関係のあるお寺、教会、神社など

名　称	
住　所	〒　　　　　-
電話番号	（　　　　　　　）

❹ 今後、記録としてまとめたい内容は　　※ ☑ チェックを入れてください

☐ 家系図　　　☐ 家族や友人らの連絡先一覧　　☐ 人生の歩み

☐ 相続、お葬式、お墓の希望　　☐ 大切な人へのメッセージ

☐ その他（　　　　　　　　　　　　　　　　　　　　　　　　）

❺ 人生で楽しかったことは

☐ 子どものころの遊び　　☐ 家族や親族の記憶　　☐ 地域や学校での交友関係

☐ 職業の経験　　　　　☐ 配偶者との思い出　　☐ 子育て

☐ その他（　　　　　　　　　　　　　　　　　　　　　　　　）

❻ 今後、したいことは

☐ 運動など健康維持　　　　☐ 趣味や旅行　　　☐ 学習や読書

☐ 資格取得　　　　　　　　☐ 物の整理　　　　☐ 友人との交流

☐ ボランティアなど社会参加　☐ その他（　　　　　　　　　　　）

❼ 一度、訪れてみたい場所は

☐ 子どものころ過ごした街　　☐ 過去の勤務地　　☐ 新婚旅行先

☐ 子どもや友人の居住地　　　☐ 国内の観光地　　☐ あこがれの海外

☐ その他（　　　　　　　　　　　　　　　　　　　　　　　　）

❽ プラスの財産

☐ 土地　　☐ 家屋　　☐ マンション　　☐ その他（　　　　　　　）

※不動産の所在地　（　　　　　　　　　　　　　　　　　　　　　　）

☐ 普通預金　　☐ 定期預金　　☐ 株式　　☐ 債券　　☐ 投資信託

☐ 金　　　　　☐ 貴金属　　　☐ 車　　　☐ ゴルフ会員権

☐ 他人に貸したお金　　☐ その他（　　　　　　　　　　　　　　）

❾ マイナスの財産

☐ 住宅ローン　　☐ 自動車ローン　　☐ カードローン　　☐ 奨学金
☐ 借入金　　　　☐ その他（　　　　　　　　　　　　　　　　　　）

❿ 保証人

☐ 保証人を引き受けている　　☐ 連帯保証人を引き受けている

⓫ 加入している保険

☐ 死亡保険　　　☐ 医療保険　　　☐ ガン保険　　　☐ 女性保険
☐ 個人年金保険　☐ 自動車保険　　☐ 火災保険　　　☐ 地震保険
☐ その他（　　　　　　　　　　　　　　　　　　　　　　　　　　）

⓬ メールやSNS、アプリの登録など、デジタル関係の情報

☐ 紙（ノートなど）に記録　　☐ ワードやエクセルに記録　　☐ アプリで管理
☐ まとめていない

⓭ 遺言書

☐ 作成済み　　☐ 作成したい　　☐ 必要ない
※作成済みの場合、保管場所は
　　☐ 公証役場　　☐ 法務局　　☐ 自宅　　☐ その他（　　　　　　　）

⓮ からだについて

かかりつけの病院名	
担当の医師名	
治療中の病名	
服用している薬	☐ お薬手帳あり

❶❺ 不治の病で末期になったら延命治療を希望しますか

☐ 希望する　　☐ 希望しない　　☐ 医師や家族と話し合う
☐ その他（　　　　　　　　　　　　　　　　　　　　　　　　　　　　　）

❶❻ 介護が必要になったら、誰に頼みたいですか

名 前		続 柄	

❶❼ 要介護や判断能力が衰えたときの財産の管理方法

☐ 決めている（　　　　　　　　　　　　　　　　　　　　　　　　　　　　）
☐ 決めていない

❶❽ お葬式の希望

☐ 一般葬　　☐ 家族葬　　☐ 直葬　　☐ 家族に任せる
☐ その他（　　　　　　　　　　　　　　　　　　　　　　　　　　　　　　）

❶❾ お墓の希望

☐ 家の墓・納骨堂　　☐ これから探す　　☐ 家族に任せる
※お墓・納骨堂が決まっている場合
　名称・所在地（　　　　　　　　　　　　　　　　　　　　　　　　　　　）
※これから探す場合
　　☐ 一般的な墓（納骨堂）を用意したい　☐ 散骨　☐ 樹木葬　☐ 合葬墓

❷❿ あなたにもしものことがあったら、ペットの世話をする人は

☐ 決まっている　　☐ 決まっていない　　☐ ペットはいない

わたしの基本情報

不測の事態に備えて、自分を知ってもらう基本情報をまとめましょう。

ふりがな	
名 前	愛称（　　　　　　　　　　）
住 所	〒　　　-
本 籍	〒　　　-
電話番号	自宅　　　　　　　　　　　FAX 携帯
生年月日	大正・昭和・平成　　　年（19　　年）　　　月　　　日
血液型、星座	
勤務先	
勤務先の電話番号	
メールアドレス	
利用しているSNS	□LINE　　　□Facebook　　　□Instagram □X（旧Twitter）　　□その他（　　　　　　　　　　）
大事な番号	健康保険証
	運転免許証
	基礎年金番号
	マイナンバー

ペットのこと

ペットは大切な家族です。あなた以外の人も世話ができるようにしておくと安心です。

名 前		種 類	
性 別		生年月日	
血統書の有無		疾患・既往歴	
予防接種歴		不妊手術の有無	
フード		与えてはいけないフード	
かかりつけの医院			
性格・特徴			
もしもの時に世話を頼める人		連絡先	

写真を貼りましょう

7

「好き」と「嫌い」

子どものころ、好きだったことを思い出しながら、「好き」を書き出してみませんか。
人生100年時代、今後何をやりたいか、生き方を考えるヒントが見つかりそうです。
好き・嫌いの情報があると、介護が必要になったとき、
家族や介助者にあなたを理解してもらう手掛かりになります。

● 好き

食べ物
①
②
③

飲み物
①
②
③

お菓子
①
②
③

歌
①
②
③

著名人
①
②
③

テレビ番組・映画
①
②
③

スポーツ（観戦も含む）
①
②
③

場所
①
②
③

色
①
②
③

服・アクセサリー
①
②
③

花
①
②
③

本
①
②
③

香り
①
②
③

趣味・特技
①
②
③

①
②
③

①
②
③

● 嫌い

食べ物・飲み物
①
②
③

嫌いなこと
①
②
③

家族・親族関係図

記入日

年　　月　　日

家族・親族関係図を作ってみましょう。第1、第2、第3順位は法定相続の順です。
亡くなっている人は×印などで区別しておくと、法定相続人がわかりやすくなります。
名前がわからない場合は「?」マークなど印を入れておく方法があります。
足りない部分は、枠を書き足してください。相続の仕組みは、P74〜P77を参照してください。

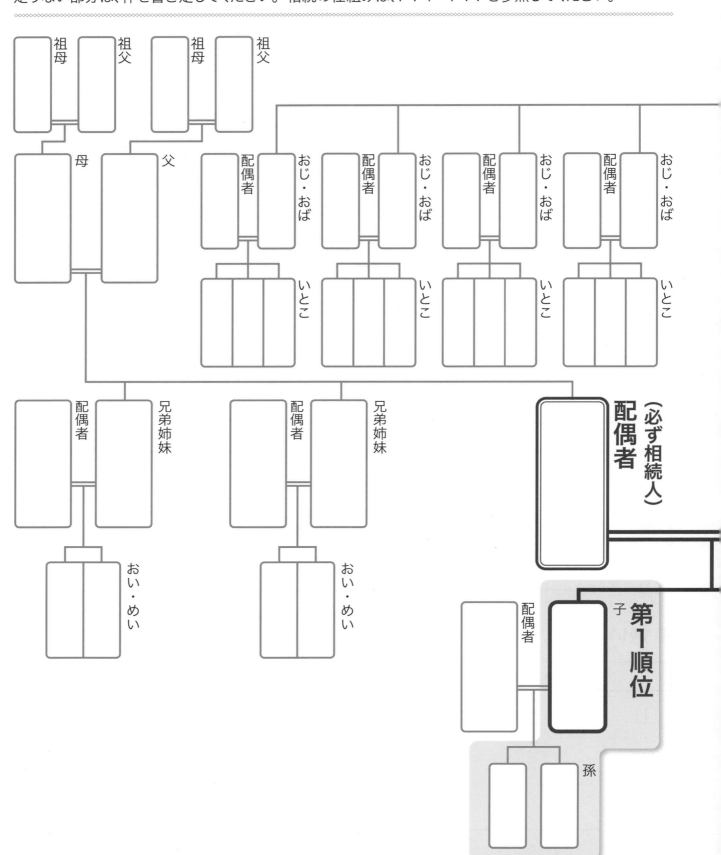

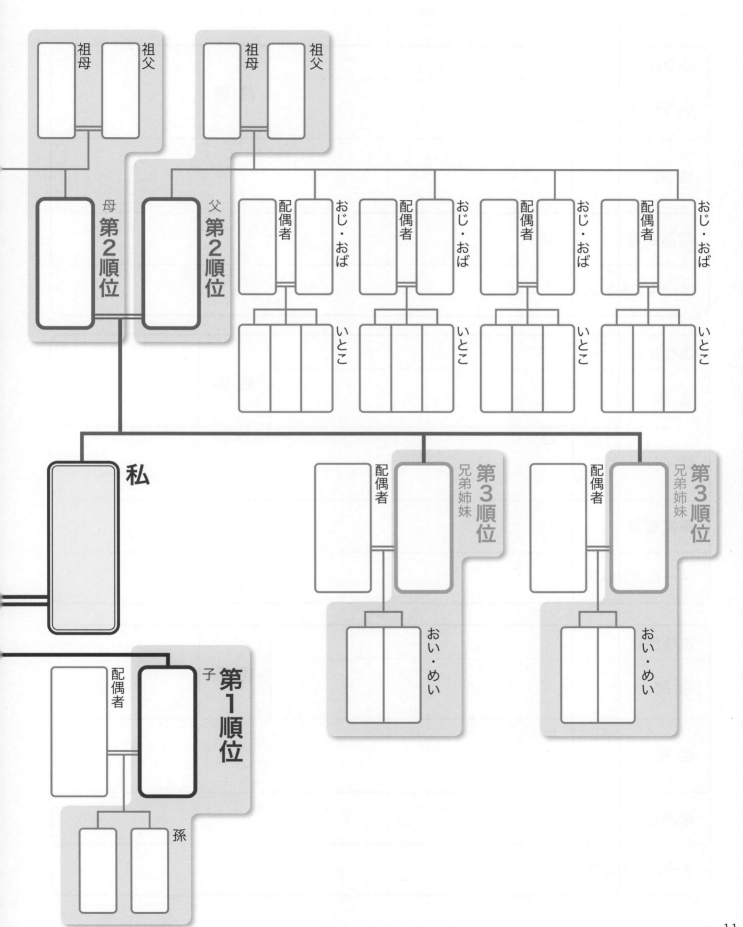

家族・親しい人の連絡先

大切な人を思い浮かべて、書いてみましょう。

ふりがな		続柄	
名 前			
住 所	〒　　　　　－		
電話番号	（　　　　　　　）		
メールアドレス			

ふりがな		続 柄	
名 前			
住 所	〒　　　　　－		
電話番号	（　　　　　　　）		
メールアドレス			

ふりがな		続 柄	
名 前			
住 所	〒　　　　　－		
電話番号	（　　　　　　　）		
メールアドレス			

ふりがな		続柄	
名 前			
住 所	〒　　　　　-		
電話番号	（　　　　　　　）		
メールアドレス			

ふりがな		続柄	
名 前			
住 所	〒　　　　　-		
電話番号	（　　　　　　　）		
メールアドレス			

ふりがな		続柄	
名 前			
住 所	〒　　　　　-		
電話番号	（　　　　　　　）		
メールアドレス			

ふりがな		続柄	
名 前			
住 所	〒　　　　-		
電話番号	（　　　　　　）		
メールアドレス			

ふりがな		続柄	
名 前			
住 所	〒　　　　-		
電話番号	（　　　　　　）		
メールアドレス			

ふりがな		続柄	
名 前			
住 所	〒　　　　-		
電話番号	（　　　　　　）		
メールアドレス			

ふりがな		続 柄	
名 前			
住 所	〒　　　　　-		
電話番号	（　　　　　　　）		
メールアドレス			

ふりがな		続 柄	
名 前			
住 所	〒　　　　　-		
電話番号	（　　　　　　　）		
メールアドレス			

ふりがな		続 柄	
名 前			
住 所	〒　　　　　-		
電話番号	（　　　　　　　）		
メールアドレス			

電話帳
サークル、公共施設、お店、宅配ほか

よく利用する場所の連絡先は、一覧にしておくと便利です。
連絡する時に調べる手間が省け、イライラしないで済みます。

店 名（施設名）	電話番号	備 考

かかりつけの病院、薬局

急に具合が悪くなって、人の助けを必要とする場合に備える意味でも、病院、薬の記録は大切です。

病院名	診察券番号	電話番号	担当医師

お薬メモ　服用している薬

病 名	薬 名	服用回数

17

病歴、入院歴

急な入院の際は、必ず聞かれます。
自分が答えられない状態でも、まとめておけば大丈夫です。

年月（歳）	病　名	病院

薬の種類、効能の印刷物、
各種ワクチン接種証明書など添付欄

新型コロナ感染症や肺炎球菌のワクチン接種、インフルエンザの予防接種などの
記録のコピーを貼っておきましょう。P20も同様に活用してください。

介護について

介護についての情報を記しておきましょう。
まだ介護を受けていない方は、受けることになった時に「どうしたいか」をメモに記載しておくといいでしょう。

介護保険証

住宅介護（予防）支援事業所名 *担当ケアマネージャーがいる場合	事業著名： 電話番号：　　　　－　　　　　　－			
担当ケアマネージャー名前				
① 認定区分	□未申請　　□事業対象者　　□要支援1　　□要支援2 □要介護1　　□要介護2　　□要介護3　　□要介護4　　□要介護5			
① 有効期限	年　　月　　日 ～　　　　年　　月　　日			
② 認定区分	□未申請　　□業者対象者　　□要支援1　　□要支援2 □要介護1　　□要介護2　　□要介護3　　□要介護4　　□要介護5			
② 有効期限	年　　月　　日 ～　　　　年　　月　　日			

利用しているサービス

デイサービス	
訪問介護（ヘルパー）	
福祉用具	
そのほか	

 MEMO

デジタル備忘録

スマートフォン、パソコンのパスワードや、ネット上で使っているサービスなどの情報をまとめましょう。
パスワードなどは、紙に記録して残すのが便利です。デジタル終活はP65を参照。

よく使う端末の情報

パスワードをはじめ、メールアドレス、契約会社、契約者、料金プランなどの情報を整理しましょう。

●**スマートフォン**　　　パスワード（　　　　　　　　　　　　　　　　　　　）

●**パソコン**　　　　　　パスワード（　　　　　　　　　　　　　　　　　　　）

●**タブレット端末**　　　パスワード（　　　　　　　　　　　　　　　　　　　）

そのほかデジタル情報

LINE、X（旧Twitter）、Facebook、InstagramなどSNSの登録電話番号、メールアドレス、もしもの時のアカウント削除の希望など。また、ネット銀行の残高、ネット保険、スマホ決済などの情報も整理しましょう。

※パスワードの扱いは細心の注意が必要です。簡単に知られたくなければ、書いたパスワードの上にマスキングテープを貼る方法もあります。

※手書きでパスワードを残す時は要注意。数字の「1」とローマ字の「l」（エル）など区別しにくい例があるためです。パソコンで打ってプリントアウトしたものを紙に貼り付けるのも一つの方法です。

引き落とし一覧

隔月や年1回の支払いも記入します。
定期的な支出を一覧にすることで、今後のお金の使い方を具体的に考えやすくなります。

名　称	金額	支払い方法（カード名、引き落とし金融機関）
家　賃		
電　気		
ガ　ス		
水　道		
電　話		
新　聞		
NHK		
保　険		
習い事の月謝		

※引き落とし項目例…マンション管理費・修繕費、有料サイト利用料、アマゾンプライム、
　　　　　　ネットフリックス、定期購入の雑誌　など

私の歩み年表

国内外、道内の主な出来事、流行歌、流行語を一覧にしました。
年表を手掛かりに当時を思い出してみましょう。

※流行歌は1959年から日本レコード大賞、流行語は1984年から流行語大賞を受賞したものを掲載

西暦(年号)	主な出来事(国内・海外)	主な出来事(北海道)	流行歌	流行語
1940年 (昭和15年)	4.24生活必需品配給制／9.27日独伊三国軍事同盟成立／10.12大政翼賛会発会／11.10紀元2600年祝賀行事	1.1ネオンサイン電飾など禁止／7.15札幌でコメの切符制／12.2北部軍(札幌)が編成を完了	湖畔の宿	贅沢は敵だ！
1941年 (昭和16年)	4.13日ソ中立条約締結／9.ゾルゲ事件／12.8真珠湾攻撃、太平洋戦争始まる／12.10マレー沖海戦	1.10北海道綴方教育連盟事件／3.18三菱美唄鉱ガス爆発／12.14札幌必勝国民大会	森の水車	進め！ 1億火の玉だ
1942年 (昭和17年)	1.-日本軍マニラ、シンガポールなど占領／6.5ミッドウェー海戦／6.28独・ソ・スターリングラード攻防戦	1.16札幌で家庭の銅・鉄製品の回収開始／5.26下湧別村(現湧別町)で漂着機雷爆発、112人死亡／11.1北海道新聞発足	朝だ元気で	欲しがりません勝つまでは
1943年 (昭和18年)	8.-上野動物園で猛獣殺処分／10.21学徒出陣壮行会／11.5大東亜会議／11.27カイロ宣言	3.6倶知安町の映画館で火災、208人が焼死／4.1岩見沢町、夕張町市制施行	勘太郎月夜唄	撃ちてし止まむ
1944年 (昭和19年)	6.6連合軍ノルマンディー上陸作戦／7.-サイパン・グアム・テニヤン各島で日本軍玉砕	5.16三菱美唄鉱ガス爆発／6.23壮瞥村(現壮瞥町)で噴火活動、昭和新山誕生へ	ラバウル 海軍航空隊	鬼畜米英
1945年 (昭和20年)	3.10東京大空襲／4.1米軍沖縄本島に上陸／8.6広島、8.9長崎に原子爆弾／8.9ソ連対日参戦／8.14ポツダム宣言受諾、8.15玉音放送／9.-教科書墨ぬり／10.24国際連合成立／11.6財閥解体／12.29農地改革	7.14～15米軍青函連絡船、室蘭、釧路、根室など北海道空襲／8.11-ソ連軍南樺太・千島侵攻、北方領土占拠／8.22留萌沖三船遭難事件／10.4-米軍函館、小樽、札幌、旭川などに進駐／終戦直後の人口調査で道内は351万8389人	お山の杉の子	ギブミー・チョコレート
1946年 (昭和21年)	1.1天皇人間宣言／5.3東京裁判／5.22吉田茂が首相に／第1次ベビーブーム(～48年、団塊の世代)	2.24北海道アイヌ協会創立／4.10戦後初の衆院選／5.1メーデー11年ぶり復活／7.31消費地の食糧遅配が平均60日以上	リンゴの唄	あっ、そう
1947年 (昭和22年)	4.-義務教育(6．3制)スタート／5.3日本国憲法が施行／12.22改正民法公布(家制度の廃止)	2.11網走町、10.1留萌町市制施行／4.5道知事に田中敏文(3期12年)	東京ブギウギ	アプレゲール
1948年 (昭和23年)	1.26帝銀事件／4.-昭和電工疑獄事件／6.13作家太宰治入水自殺／8.15韓国、9.9北朝鮮成立	4.1苫小牧町市制施行／5.9礼文島で金環日食観測／9.11札幌で初の国営競馬開催	憧れの ハワイ航路	鉄のカーテン
1949年 (昭和24年)	7.30美空ひばりレコードデビュー／11.3湯川秀樹博士ノーベル物理学賞／12.1お年玉付き年賀はがき発売	4.1稚内町市制施行／5.16支笏洞爺国立公園指定／5.31北大、樽商大、学芸大(現・道教育大)、室工大、帯畜大発足	悲しき口笛	駅弁大学
1950年 (昭和25年)	1.7千円札発行／6.25朝鮮戦争勃発／7.2金閣寺全焼／7.8「チャタレイ夫人の恋人」発禁	2.18第1回さっぽろ雪まつり／4.1美唄町市制施行／4.1札幌医大開学／6.1北海道開発庁発足	夜来香	おお、ミステーク
1951年 (昭和26年)	1.3第1回NHK紅白歌合戦放送／4.2五百円札発行／9.8サンフランシスコ平和条約調印	3.5北海道銀行設立／5.1北海道電力設立／5.5円山動物園開園／6.8千代の山横綱昇進	私は街の子	逆コース

履歴を少し詳しく書くつもりで、自分の人生の記録を整理してみてください。
お気に入りの写真を貼って、簡単な説明を加えるだけでもいいでしょう。
子どもの頃、若い頃など、これまでにやり残したことを思い出すきっかけになりそうです。

西暦（年号）	わたしの出来事（当時の写真を貼ったり、覚えている出来事を書き込みましょう）

西暦(年号)	主な出来事(国内・海外)	主な出来事(北海道)	流行歌	流行語
1952年 (昭和27年)	4.10NHKラジオ「君の名は」／7.19五輪に戦後初参加／9.4映画「風と共に去りぬ」が日本公開	3.4十勝沖地震／3.10HBCラジオ放送開始／4.北海学園大開学／5.1北洋漁業の試験操業	リンゴ追分	さかさくらげ
1953年 (昭和28年)	2.1NHKテレビ放送開始(東京)／3.5スターリン死去で株価大暴落／3.14吉田首相「バカヤロー解散」	4.1芦別町市制施行／7.7-道内各地で水害、長雨被害／11.2札幌－千歳間弾丸道路(国道36号)開通	君の名は	八頭身
1954年 (昭和29年)	3.1ビキニ水爆実験で第五福竜丸被爆／4.21映画「ローマの休日」、11.3「ゴジラ」封切り／7.1自衛隊発足	7.1江別、赤平、紋別、士別町が市制施行／8.7-天皇、皇后両陛下ご来道／9.26洞爺丸沈没、岩内町で大火	岸壁の母	死の灰
1955年 (昭和30年)	6.1円アルミ貨発行／8.7日本初トランジスタラジオ発売／10.13社会党統一／11.15自民党結成／高度経済成長(73年ごろまで)	2.21暴風雪道内近海で漁船遭難続出／7.3-、8.1-道央など各地で水害／11.1住友茂尻鉱ガス爆発	月がとっても青いから	ノイローゼ
1956年 (昭和31年)	1.23石原慎太郎「太陽の季節」で芥川賞／5.1熊本県で水俣病／10.19日ソ国交回復／12.18日本が国連加盟	4.1名寄町が市制施行／10.-原田康子の小説「挽歌」ベストセラーに／12.22NHK札幌放送局がテレビ開局	哀愁列車	もはや戦後ではない
1957年 (昭和32年)	1.29南極観測隊が昭和基地設営／8.27茨城県東海村に原子炉／9.23大阪に主婦の店ダイエー1号店	4.1HBC放送開始／4.1三笠、8.1根室町が市制施行／8.24さっぽろテレビ塔開業	有楽町で逢いましょう	よろめき
1958年 (昭和33年)	4.5長嶋茂雄巨人デビュー／8.25日清チキンラーメン発売／12.1一万円札(聖徳太子)発行／12.23東京タワー完成	7.1大沼、網走国定公園指定、千歳、滝川、砂川、歌志内町が市制施行／7.5-北海道大博覧会(札幌、小樽)	からたち日記	団地族
1959年 (昭和34年)	4.10皇太子明仁親王(現上皇陛下)ご成婚／8.1初代ブルーバード発売／9.26伊勢湾台風	4.1STV放送開始／4.6羅臼沖で海難／4.23道知事に町村金五(3期12年)／12.20酪農学園大学設置決定	黒い花びら	岩戸景気
1960年 (昭和35年)	6.15安保反対闘争・東大生樺美智子死亡／10.12浅沼社会党委員長刺殺／だっこちゃん人形大人気	2.1北炭夕張鉱でガス爆発／5.-夕張中心に小児マヒ多発／5.24太平洋岸でチリ地震津波／道内人口503万9206人	誰よりも君を愛す	所得倍増
1961年 (昭和36年)	4.12ソ連・ガガーリン有人宇宙飛行に成功／6.12農業基本法公布／8.13東ドイツベルリンの壁構築	4.1藤女子大が開学／7.1札幌市民交響楽団(現・札幌交響楽団)結成／9.27大鵬が史上最年少で横綱昇進	君恋し	巨人大鵬玉子焼き
1962年 (昭和37年)	8.12堀江謙一小型ヨット太平洋単独横断／8.30国産旅客機YS-11初飛行／10.-キューバ危機	1.18陸上自衛隊が第2(旭川)、第5(帯広)、第11(札幌)の3師団設置／4.北星学園大開設	いつでも夢を	無責任時代
1963年 (昭和38年)	1.1アニメ「鉄腕アトム」放送開始／11.9三井三池炭鉱爆発事故、国鉄鶴見事故／11.22ケネディ米大統領暗殺	5.1深川町と3村合併し深川市に／7.24ニセコ積丹小樽海岸国定公園指定／11.29三井美唄鉱閉山	こんにちは赤ちゃん	バカンス
1964年 (昭和39年)	4.1観光目的の海外旅行自由化／10.1東海道新幹線開業／10.10東京五輪開幕	6.1知床国立公園指定／7.10三浦綾子「氷点」が朝日新聞懸賞小説で1位入選／12.1帯広空港開港／全道で冷害・凶作	愛と死をみつめて	ウルトラC
1965年 (昭和40年)	2.7米軍が北ベトナム爆撃開始／10.21朝永振一郎ノーベル物理学賞／12.26シンザン初の五冠馬	2.22北炭夕張鉱でガス爆発／4.-函館大学開学／7.27戦後初のサハリン墓参／10.15日勝道路開通	柔	期待される人間像
1966年 (昭和41年)	2.4全日空機羽田沖に墜落、航空機事故相次ぐ／5.16-中国文化大革命／6.29ビートルズ来日／ひのえうま出生激減	5.1富良野市誕生／6.30旭川空港7.21紋別空港が開港／8.23戦後初の国後島墓参／3年連続の冷害	霧氷	黒い霧

西暦（年号）	わたしの出来事（当時の写真を貼ったり、覚えている出来事を書き込みましょう）

西暦（年号）	主な出来事（国内・海外）	主な出来事（北海道）	流行歌	流行語
1967年 （昭和42年）	4.15東京都知事に美濃部亮吉／9.1四日市ぜんそく公害訴訟／人口1億人突破	1.23北海道工業大、札幌大設置／大豊作、道産米収穫量100万㌧突破	ブルー・シャトウ	ヤマト魂
1968年 （昭和43年）	3.30「巨人の星」放送開始／4.4キング牧師暗殺／10.17川端康成ノーベル文学賞／12.10東京・府中で3億円事件	4.-札幌商科大、北日本学院大開学／5.16十勝沖地震／6.14-北海道大博覧会／8.8札幌医大で心臓移植／11.3HTB放送開始	天使の誘惑	とめてくれるなおっかさん
1969年 （昭和44年）	1.18東大安田講堂に機動隊／7.20米アポロ11号月面着陸／10.4「8時だヨ！全員集合」放送開始	1.10新石炭政策を決定、閉山の動き激化／2.5全道的な暴風雪害／4.-北大紛争	いいじゃないの幸せならば	エコノミックアニマル
1970年 （昭和45年）	3.14大阪万博開幕／3.31よど号ハイジャック事件／11.25三島由紀夫事件／高齢化率が7％超え（高齢化社会）	1.26北の富士横綱に／8.1登別町市制施行／9.2百年記念塔落成／11.1恵庭町が市制施行	今日でお別れ	ハイジャック
1971年 （昭和46年）	8.15ドルショック／9.27-天皇、皇后両陛下が欧州訪問／10.25国連が中国加盟決定／第2次ベビーブーム（〜74年、団塊ジュニア）	4.12道知事に堂垣内尚弘（3期12年）／7.3東亜国内航空ばんだい号墜落／12.15地下鉄南北線開通	また逢う日まで	脱サラ
1972年 （昭和47年）	2.19-浅間山荘事件／5.15沖縄返還／6.11田中角栄が「日本列島改造論」／9.29日中国交正常化	2.3-札幌で冬季五輪／4.1伊達町が市制施行、札幌が政令指定都市、UHB開局／6.1旭川に買物公園／7.27三菱美唄鉱閉山	喝采	恥ずかしながら
1973年 （昭和48年）	1.27ベトナム和平協定／10. -オイルショック／11.1巨人がV9／11.29熊本大洋デパートで火災、死者104人	6.17根室沖地震／11.5旭川医大が開学／12.1函館・亀田市が合併し30万都市に	夜空	日本沈没
1974年 （昭和49年）	4.11春闘最大のゼネスト／8.8ニクソン米大統領辞任／11.26金脈問題で田中首相辞任表明	7.24北の湖、史上最年少で横綱昇進／9.20利尻礼文サロベツ国立公園指定／「愛国から幸福ゆき」切符ブーム	襟裳岬	狂乱物価
1975年 （昭和50年）	4.30ベトナム戦争終結／7.20-沖縄国際海洋博／9.30-天皇・皇后両陛下が訪米	8.-札幌PARCO開店／12.14SLサヨナラ列車運行、蒸気機関車103年の歴史に幕	シクラメンのかほり	複合汚染
1976年 （昭和51年）	1.31鹿児島で5つ子誕生／7.27ロッキード事件で田中前首相を逮捕／11.5防衛費のGNP1％枠決定	3.2道庁爆破事件／6.10地下鉄東西線開業／9.6ソ連ミグ25戦闘機が函館空港強行着陸	北の宿から	記憶にございません
1977年 （昭和52年）	3.1米ソが200カイリ漁業専管水域／9.3王貞治が本塁打756号／9.28日本赤軍、日航機乗っ取り	4.北海道東海大、北海学園北見大を設置／7.20道立近代美術館開館／8.7有珠山噴火	勝手にしやがれ	ルーツ
1978年 （昭和53年）	4.4キャンディーズ解散コンサート／5.20新東京国際空港（成田）が開港／8.12日中平和友好条約調印	4.道都大開学／8.20根室で北方領土返還を求める初の全国大会／9.12有珠山が水蒸気爆発	UFO	窓ぎわ族
1979年 （昭和54年）	1.13初の国公立大共通一次試験／3.28米スリーマイル島で原発事故／12・27ソ連がアフガニスタン侵攻	9.10札幌・豊平川にサケが25年ぶりに遡上／道内でもインベーダーゲーム大流行	魅せられて	ウサギ小屋
1980年 （昭和55年）	5.24モスクワ五輪不参加／9.22イラン・イラク戦争／12.8ジョン・レノン射殺／山口百恵引退、結婚でフィーバー	9.25知床横断道路が開通／10.1千歳・室蘭本線電化、千歳空港駅開業／10.24苫小牧東港開港／冷害で農作物被害	雨の慕情	ピカピカの1年生
1981年 （昭和56年）	3.2中国残留日本人孤児が初来日／3.20-神戸ポートピア博／7.29英国チャールズ皇太子とダイアナ妃結婚	7.21千代の富士横綱に／10.1日高山脈襟裳国定公園指定／10.9TV「北の国から」／10.16北炭夕張新鉱ガス突出事故	ルビーの指環	ブリっ子

西暦(年号)	わたしの出来事(当時の写真を貼ったり、覚えている出来事を書き込みましょう)

西暦(年号)	主な出来事(国内・海外)	主な出来事(北海道)	流行歌	流行語
1982年 (昭和57年)	2.8ホテル・ニュージャパンで火災／4.1五百円硬貨発行／4.2フォークランド紛争／12.23テレホンカード発売	3.21浦河沖地震／6.12北海道博覧会開催／10.9北炭夕張新鉱が閉山	北酒場	ネクラ
1983年 (昭和58年)	4.15東京ディズニーランド開園／10.12東京地裁、田中元首相に懲役4年実刑判決／NHK朝ドラ「おしん」大ヒット	4.11道知事に横路孝弘(3期12年)／9.1大韓航空機撃墜事件／ルスツ高原遊園地、トマムリゾート開業	矢切の渡し	軽薄短小
1984年 (昭和59年)	3.18-グリコ・森永事件／11.1新札発行〜千円(夏目漱石)、5千円(新渡戸稲造)、1万円(福沢諭吉)	1.21アイヌ古式舞踊が国の重要無形民俗文化財指定／6.10-小樽博覧会開催／9.10小樽運河埋め立て(86.5終了)	長良川艶歌	まるきん まるび
1985年 (昭和60年)	3.16-つくば科学万博／8.12日航ジャンボ機が墜落／9.22プラザ合意で急激な円高／11.2阪神タイガース日本一	3.10青函トンネル本坑貫通／5.17三菱南大夕張鉱ガス爆発／国鉄万字線、美幸線などローカル線廃止相次ぐ	ミ・アモーレ	イッキ! イッキ!
1986年 (昭和61年)	4.26チェルノブイリ原発事故／5.8英皇太子夫妻来日でダイアナフィーバー／9.6社会党委員長に土井たか子	3.1第1回冬季アジア競技札幌大会／6.22-岩見沢市で北海道21世紀博／7.27札幌芸術の森オープン	DESIRE -情熱-	新人類
1987年 (昭和62年)	4.1国鉄が分割民営化／11.29大韓航空機爆破事件／俵万智「サラダ記念日」ベストセラー	5.27北勝海、9.30大乃国が横綱昇進／7.31釧路湿原国立公園を指定／9.6第1回北海道マラソン	愚か者	懲りない○○
1988年 (昭和63年)	4.10瀬戸大橋が開通／6.18リクルート事件発覚／7.23潜水艦なだしお事故／9.19天皇吐血で重体、自粛ムード	3.13青函トンネル開業／7.9-青函博／7.20新千歳空港開港／11.3JR札幌駅鉄道高架／12.2地下鉄東豊線開業	パラダイス銀河	今宵はここまでに
1989年 (昭和64年／ 平成元年)	1.7昭和天皇逝去、「平成」と改元／4.1消費税3%でスタート／6.4中国で天安門事件／11.9ベルリンの壁崩壊	6.4ふるさと銀河線開業／6.22泊原発1号機営業運転／7.14釧路フィッシャーマンズワーフ、札幌駅パセオ開業	淋しい熱帯魚	オバタリアン
1990年 (平成2年)	1.-日経株価が暴落、バブル崩壊へ／8.2イラクがクウェート侵攻／10.3東西ドイツ統一／出生率1.57ショック	6.26札幌でPMF開幕／8.1暑寒別天売焼尻国定公園指定／8.28サハリンやけどの3歳児、空路札医大へ	おどるポンポコリン	ちびまる子ちゃん(現象)
1991年 (平成3年)	1.17湾岸戦争／4.1牛肉・オレンジ輸入自由化／6.3長崎県雲仙・普賢岳で火砕流／12.-ソ連崩壊	3.2札幌ユニバーシアード冬季大会／4.12泊原発2号機の営業運転開始／12.12ウトナイ湖がラムサール条約に登録	愛は勝つ	…じゃあ〜りませんか
1992年 (平成4年)	9.12毛利衛飛行士のスペースシャトル打ち上げ／6.15PKO協力法成立／10.23天皇、皇后両陛下が中国訪問	6.13第1回YOSAKOIソーラン祭り／7.1新千歳空港の新旅客ターミナル開業／9.30札樽自動車道全線完成	君がいるだけで	うれしいような、かなしいような
1993年 (平成5年)	5.15Jリーグ開幕／6.9皇太子徳仁親王(現天皇陛下)ご成婚／8.9非自民各党の細川連立内閣発足(55年体制崩壊)	4.9サッポロファクトリー開業／7.12北海道南西沖地震、奥尻に大被害／道内水稲作況、指数40で戦後最悪	無言坂	Jリーグ
1994年 (平成6年)	6.30村山連立内閣発足／9.4関西国際空港開港／10.13大江健三郎ノーベル文学賞／高齢化率14%超え(高齢社会)	2.2-道内で大雪／7.19萱野茂がアイヌ民族初の国会議員に／8.7道内記録的猛暑／10.4北海道東方沖地震	innocent world	すったもんだがありました／イチロー(効果)
1995年 (平成7年)	1.17阪神大震災／3.20地下鉄サリン事件／9.4沖縄で米兵少女暴行事件／11.23ウィンドウズ95発売、インターネット時代へ	4.9道知事に堀達也(2期8年)／6.21函館空港ハイジャック事件／道内人口569万2321人で国勢調査のピーク	Overnight Sensation〜時代はあなたに委ねてる〜	無党派／NOMO／がんばろうKOBE
1996年 (平成8年)	2.14羽生善治が史上初の七冠／7.-堺市で病原性大腸菌O-157集団食中毒／12.17ペルー日本大使公邸占拠事件	2.10古平-余市間の豊浜トンネル岩盤崩落事故／3.5駒ケ岳54年ぶり噴火／9.1北広島、石狩町が市制施行	Don't wanna cry	自分で自分をほめたい／メークドラマ

西暦（年号）	わたしの出来事（当時の写真を貼ったり、覚えている出来事を書き込みましょう）

西暦(年号)	主な出来事(国内・海外)	主な出来事(北海道)	流行歌	流行語
1997年 (平成9年)	2.10-神戸で児童連続殺傷事件／4.1消費税5%／6.17臓器移植法成立／11.24山一証券自主廃業／12.11京都議定書採択	5.8アイヌ新法が成立／10.22コンサドーレ札幌がJリーグ昇格決める／11.17拓銀が経営破綻	CAN YOU CELEBRATE?	失楽園(する)
1998年 (平成10年)	2.7長野で冬季五輪／4.5明石海峡大橋開通／5.若貴兄弟横綱実現／7.25和歌山カレー毒物混入事件	6.13室蘭・白鳥大橋が開通／12.6コンサドーレ札幌監督に岡田武史／12.20エア・ドゥ(新千歳-羽田線)就航	wanna Be A Dreammaker	ハマの大魔神／凡人・軍人・変人／だっちゅーの
1999年 (平成11年)	2.22「iモード」開始／4.11東京都知事に石原慎太郎／6.23「男女共同参画社会基本法」公布	3.2拓銀元頭取ら特別背任容疑で逮捕／3.11マイカル小樽(現ウイングベイ)開業／10.12作家三浦綾子死去	Winter,again	ブッチホン／リベンジ／雑草魂
2000年 (平成12年)	4.1介護保険制度始まる／4.6携帯電話が5000万台超え、固定電話を抜く／6.27雪印乳業食中毒事件	3.31有珠山が23年ぶり噴火、予知で住民1万6千人が噴火前に無事避難／10.29コンサドーレ札幌がJ2優勝	TSUNAMI	おっはー／IT革命
2001年 (平成13年)	3.31大阪でUSJ開業／4.1情報公開法施行／4.26小泉内閣発足／9.11米同時多発テロ／9.-狂牛病パニック	6.2札幌ドーム開業／7.26札幌そごう跡にビックカメラ開店／8.4GLAYが石狩で10万人ライブ	Dearest	「小泉語録」(米百俵・聖域なき構造改革など)
2002年 (平成14年)	4.-公立小中高が完全週5日制／5.31サッカーW杯日韓共催／9.17小泉首相が訪朝／10.15拉致被害者5人が帰国	1.30太平洋炭砿(釧路)閉山／9.富良野舞台のTVドラマ「北の国から」放送21年で終了	Voyage	タマちゃん／W杯(中津江村)
2003年 (平成15年)	3.-新型肺炎(SARS)／3.20イラク戦争／3.23映画「千と千尋の神隠し」が米アカデミー賞／4.25六本木ヒルズ開業	3.6JRタワー、大丸開店／4.13道知事に高橋はるみ(4期16年)／6.21函館駅が新駅舎に／9.26十勝沖地震	No way to say	毒まんじゅう／なんでだろう〜／マニフェスト
2004年 (平成16年)	11.1新札20年ぶり発行1000円(野口英世)、5000円(樋口一葉)／12.26スマトラ沖地震／韓流ブーム(冬のソナタほか)	4.2日本ハム移転第1戦／旭山動物園で月間(7・8月)入園者日本一／12.1函館市と南茅部、戸井、恵山町、椴法華村合併	Sign	チョー気持ちいい
2005年 (平成17年)	2.17中部国際空港開港／3.25-愛知万博／4.25JR福知山線で脱線事故／9.11郵政選挙で自民党圧勝	7.14知床がユネスコ世界自然遺産に／8.20夏の甲子園で駒大苫小牧連覇	Butterfly	小泉劇場／想定内(外)
2006年 (平成18年)	1.23ライブドア堀江貴文社長ら証券取引法違反容疑で逮捕／9.26安倍晋三が初の戦後生まれの首相に	2.1上磯、大野町合併し北斗市に／10.26日本ハム44年ぶり日本一／レラカムイ北海道(現レバンガ北海道)誕生	一剣	イナバウアー／品格
2007年 (平成19年)	2.-公的年金の加入記録不備問題／7.16新潟県中越沖地震／10.1郵政民営化スタート	3.6夕張市が財政再建団体／6.8中空土偶が国宝指定／6.20ミートホープ食肉偽装発覚／6.23岩見沢駅が新駅舎に	蕾	どげんかせんといかん／ハニカミ王子
2008年 (平成20年)	8.8北京五輪／9.15リーマン・ショック／10.7日本人4人にノーベル賞物理学賞・化学賞	7.7北海道洞爺湖サミット／10.14北洋銀行と札幌銀行が合併／道内でもレジ袋有料化へ	Ti Amo	グ〜／アラフォー
2009年 (平成21年)	6.-新型インフルエンザ流行／9.16政権交代で首相に鳩山由紀夫／10.9オバマ米大統領がノーベル平和賞	7.16大雪山系トムラウシ山で本州登山客遭難／10.10道産米ゆめぴりか発売	Someday	政権交代
2010年 (平成22年)	6.13小惑星探査機はやぶさ帰還／10.6鈴木章北大名誉教授がノーベル化学賞／12.4東北新幹線が青森開業	3.26新千歳空港の新国際線ターミナル開業／4.1支庁再編、振興局体制に／10.10JR旭川駅が新駅舎に	I Wish For You	ゲゲゲの〜
2011年 (平成23年)	1.20中国2010年GDP、日本超え世界2位／3.11東日本大震災(死者約2万人、行方不明2500人)・福島原発事故	1.8北海道四季劇場オープン／3.12札幌駅前通地下歩行空間が開通／5.27JR特急、石勝線で脱線、火災事故	フライングゲット	なでしこジャパン

西暦(年号)	わたしの出来事（当時の写真を貼ったり、覚えている出来事を書き込みましょう）

西暦(年号)	主な出来事(国内・海外)	主な出来事(北海道)	流行歌	流行語
2012年 (平成24年)	5.22東京スカイツリー開業／7.7野田首相が尖閣諸島国有化方針、中国で抗議デモ／12.26政権奪還で第2次安倍内閣	5.5泊3号機が定期検査のため停止、北電が計画停電準備／8.1新千歳線就航のLCCが3社体制に	真夏の Sounds good！	ワイルドだろぉ
2013年 (平成25年)	6.22富士山が世界文化遺産に／国の借金が1000兆円突破／「あまちゃん」ブーム	2.17高梨沙羅W杯個人総合優勝／5.23三浦雄一郎80歳でエベレスト登頂／7.17桜木紫乃「ホテルローヤル」直木賞	EXILE PRIDE 〜こんな世界を愛するため〜	今でしょ！／お・も・て・な・し／じぇじぇじぇ
2014年 (平成26年)	4.1消費税8%／4.16韓国旅客船セウォル号が沈没／9.27御嶽山噴火／11.10俳優の高倉健死去	1.6北大で心臓移植／2.15ソチ五輪ラージヒルで葛西紀明が41歳で銀／プロ2年目大谷翔平11勝10本塁打	R.Y.U.S.E.I.	ダメよ〜ダメダメ／集団的自衛権
2015年 (平成27年)	4.25ネパールで大地震／9.19安全保障関連法が成立、集団的自衛権容認／11.13パリで同時テロ	3.27JR旭川駅直通の商業施設オープン／9.19アポイ岳が世界ジオパーク認定／大谷翔平15勝、投手3冠	Unfair World	爆買い／トリプルスリー
2016年 (平成28年)	4.14熊本地震／6.19選挙権年齢18歳に引き下げ／8.8天皇陛下が生前退位の意向／ポケモンGOが世界的ヒット	3.26北海道新幹線開業／10.29ファイターズ10年ぶり日本一／11.20コンサドーレJ2優勝	あなたの好きなところ	神ってる
2017年 (平成29年)	1.20トランプ米大統領就任／3.-加計学園・森友学園問題／9.9桐生祥秀100m日本人初の9秒台	2.19-札幌・帯広で冬季アジア大会／4.27恐竜化石「むかわ竜」が国内最大の全身骨格と判明	インフルエンサー	インスタ映え／忖度
2018年 (平成30年)	5.20「万引き家族」カンヌ国際映画祭最高賞／9.8大坂なおみ全米オープン優勝／11.19日産ゴーン会長逮捕	2.9-平昌五輪で道産子選手大活躍、カーリング女子が銅／9.6北海道胆振東部地震・道内全域停電	シンクロニシティ	そだねー
2019年 (平成31年／令和元年)	5.1新天皇陛下が即位、「令和」に改元、／7.18京都アニメ放火殺人事件／10.1消費税10%	1.31函館棒二森屋が閉店／4.7道知事に鈴木直道／4.19アイヌ施策推進法(アイヌ新法)が成立	パプリカ	ONE TEAM
2020年 (令和2年)	1.-新型コロナ感染広がる／3.24東京五輪1年延期／4.-緊急事態宣言／9.16首相に菅義偉	2.-新型コロナでYOSAKOIなど各種イベント中止／7.12ウポポイ(白老町)開業／11.17核ごみ文献調査開始	夜に駆ける	3密
2021年 (令和3年)	2.-コロナワクチン接種開始／7.23-東京五輪、日本は最多の58メダル／10.4首相に岸田文雄／11.19大谷メジャーMVP	7.27縄文遺跡群が世界遺産に／8.7-8.五輪マラソンなど札幌開催／9.-道東など太平洋側で赤潮	ドライフラワー	リアル2刀流／ショータイム
2022年 (令和4年)	2.24ロシアのウクライナ侵攻開始／7.8安倍元首相の銃撃事件、9.27国葬／円安・資源高で値上げラッシュ	1.-記録的大雪、JR大規模運休、新千歳空港に滞留者／4.23知床観光船沈没／日ハム新庄監督1年目は最下位	残響散歌	村神様
2023年 (令和5年)	3.22栗山監督の侍ジャパン3大会ぶりWBC制覇／5.8コロナ5類移行／8.24〜福島第一原発処理水、海洋放出	3.30エスコンフィールド(北広島市)で開幕戦／7.1ススキノ殺人事件／9.1ラピダス(東京)が千歳市で工場起工式	アイドル	アレ(A.R.E)
2024年 (令和6年)	1.1能登半島地震／1.2羽田空港で、新千歳発の日航機が海保機と衝突、乗客乗員379人全員が脱出			
2025年 (令和7年)				
2026年 (令和8年)				

西暦（年号）	わたしの出来事（当時の写真を貼ったり、覚えている出来事を書き込みましょう）
西暦（年号）	わたしの出来事（当時の写真を貼ったり、覚えている出来事を書き込みましょう）

やりたいこと探し

今後、したいことを探してみましょう。
興味のある項目は☑印、アンダーラインなどでチェックして今後の参考にしてください。

❶ 趣味

音楽系	□合唱　□カラオケ　□民謡 □ピアノ　□ギター □キーボード　□三味線 □バレエ　□社交ダンス □フラダンス　□レコード収集
美術系	□油絵　□水彩画　□日本画 □ぬり絵　□写真　□書道 □陶芸　□手工芸
スポーツ系	□ゴルフ　□パークゴルフ □テニス　□ウオーキング □ジョギング　□ボウリング □体操　□ヨガ　□乗馬　□釣り □競馬　□ドライブ
読書系	□海外文学　□日本文学 □ノンフィクション　□新書 □実用書　□歴史書　□専門書
そのほか	□和洋中の料理各種　□そば打ち □パン・お菓子作り　□生け花 □盆栽　□短歌　□俳句　□川柳 □囲碁　□将棋　□健康マージャン

❷ 旅行

道内	□道東　□道央　□道南　□道北
道外	□東北　□関東　□甲信越 □中部　□近畿　□中国 □四国、九州、沖縄
海外	□中国　□台湾　□韓国 □アジア　□ハワイ　□北米 □南米　□ヨーロッパ □オセアニア　□アフリカ □そのほか

❸ 働く

□起業　□アルバイト勤務
□再就職　□在宅ワーク
□シルバー人材センターの仕事
□高齢者や子供対象のボランティア
□町内会など地域活動

❹ 学習

□独学　□通信教育　□大学再入学
□資格挑戦　□英会話など語学

❺ マネープラン

□投資　□貯蓄
□スマホ契約や保険の見直しなど家計チェック・節約術

❻ 物の整理

□家具　□写真・アルバム　□衣服　□靴
□食器　□本

❼ 住まい

□自宅のリフォーム　□ガーデニング
□家庭菜園

住み替え	□特養老人ホーム □サービス付き高齢者向け住宅 □有料老人ホーム □シニア向け住宅

❽ 暮らし方、過ごし方

□海外ステイ　□国内各地の滞在
□定年帰農　□田舎暮らし
□自給自足の生活　□都会暮らし

人生でやり残したこと

私の歩み年表で、ご自分の歩んだ道を振り返って、これまでの人生で、やり残したことは何でしょう。
例えば、子どものころピアノを習いたかったが、家の事情で叶わなかった、
仕事で忙しく勉強不足の生活だったなど、箇条書きにしてみてください。

まずは、3年以内にしたいこと

記入日		
年	月	日

人生でやり残したこと、これからやってみたい趣味やスポーツなどの見当がついたら、
おおむね3年をめどに、これから実現したいことを選びましょう。
明日から、わくわくシニアライフを！

将来したいこと

今すぐにはできないとしても、将来的にしたいことを整理しましょう。
人生100年時代。
二つ目、三つ目の人生を考える機会にしてください。

将来したいこと

財産のこと

記入日
年　　　月　　　日

口座やクレジットカードなど財産の情報は、
他人に漏れないよう細心の注意が必要です。
心配な場合は、人生帳とは別に記録し、
簡単に見つからない場所に保管する方法もあります。

● ゆうちょ・銀行口座

金融機関名	支店名	口座番号

● 株式・投資信託等

証券会社名	口座番号	連絡先

● クレジットカード

カードの名称	カード番号	カード会社の電話番号

● 相続時精算課税制度の使用　※ ☑ チェックを入れてください

□ ある	ある場合は時期
□ ない	申告書の保管場所

不動産・貸付金

他人に貸したお金もあなたの資産です。
口約束はトラブルのもとになりますので注意が必要です。

● 不動産　□あり　□なし　※☑ チェックを入れてください

種　類	□一戸建て（ □土地　□建物）　□マンション　□田畑 □山林　□その他（　　　　　　　　　　　　　　　）
所在地	〒　　　－
名義人	
抵当権	□あり　□なし

種　類	□一戸建て（ □土地　□建物）　□マンション　□田畑 □山林　□その他（　　　　　　　　　　　　　　　）
所在地	〒　　　－
名義人	
抵当権	□あり　□なし

● 他人への貸付金　□あり　□なし

貸した相手の名前		連絡先	
金　額		返済方法	
借用書の保管場所（ない場合は「ない」と記載）			

思い出の品

思い出の品や大切にしてきたもので、家族や友人に譲りたいものを書きます。
親の形見、写真、記念品など、たくさんありそうです。
今後の生活をしやすくするためにも、元気なうちに身の回りの整理をしましょう。生前整理はＰ62を参照。

品名	
保管場所	
譲りたい人	

品名	
保管場所	
譲りたい人	

品名	
保管場所	
譲りたい人	

品名	
保管場所	
譲りたい人	

品名	
保管場所	
譲りたい人	

品名	
保管場所	
譲りたい人	

品名	
保管場所	
譲りたい人	

品名	
保管場所	
譲りたい人	

品名	
保管場所	
譲りたい人	

品名	
保管場所	
譲りたい人	

品名	
保管場所	
譲りたい人	

保険・私的年金

| 記入日 |
| 年　　月　　日 |

保険に加入していることを家族が知らないと、保険会社に請求できず、保険金を受け取れません。
保険証券はまとめて保管しましょう。

● 保険

※保険の種類…生命保険／医療保険／ガン保険／女性保険／個人年金保険／自動車保険／火災保険／その他

保険会社		担当者	
		連絡先	
保険の種類			
契約者名		誰にかけているか	
保険金の受取人		保険の証書番号	

保険会社		担当者	
		連絡先	
保険の種類			
契約者名		誰にかけているか	
保険金の受取人		保険の証書番号	

● 私的年金

加入している年金の名前	保険会社	連絡先

借入金・ローン／保証人

ローンなどの未払分、保証人の保証債務も相続の対象になります。
額によっては相続放棄を検討する場合もあるので、家族が分かるようにしておくことは重要です。

● 借入金・ローン　　□ あり　□ なし　※ ☑ チェックを入れてください

※借入の用途・・・住宅ローン／自動車ローン／教育ローン／カードローン／奨学金／その他

借入の用途			
借入先		借入先の連絡先	
借入残高		借入日	
担　保		返済方法	
契約書・借用証書などの保管場所			

借入の用途			
借入先		借入先の連絡先	
借入残高		借入日	
担　保		返済方法	
契約書・借用証書などの保管場所			

● 保証人　　□ 保証人　□ 連帯保証人　□ 引き受けていない

保証した内容		金　額	
		年月日	
保証した人		連絡先	
		借入先	

遺言書

遺言書を作成していても、家族が知らなかったり、見つけられないと、あなたの思いは生かされません。
信頼できる人に伝えておきましょう。また、遺言書は何度でも書き直すことができます。
複数ある場合は日付が新しいものが有効とされます。遺言書の詳細はP76を参照。

※ ☑ チェックを入れてください

● 遺言書の有無

☐ 作成している　　☐ 今後、作成したい　　☐ 必要ない　　☐ 分からない

● 作成している場合

☐ 自筆証書遺言書　　　作成日　　　　　　年　　　月　　　日

　　保管場所　　☐ 法務局　　☐ 自宅　　☐ その他（　　　　　　　　　）

☐ 公正証書遺言書　　　作成日　　　　　　年　　　月　　　日

☐ その他　　　　　　　作成日　　　　　　年　　　月　　　日

● その他、財産に関することで記入しておきたいこと

死後にお願いしたいこと

遺言書に記載した内容のほか、死後に遺族にしてもらいたいことをまとめましょう。
（後日、あいさつに行ってほしいところ、電話で連絡してほしい相手と内容など）

死後にお願いしたいこと

終末期医療

その時になったら気持ちが変わるかもしれませんが、
冷静な今のうちに一度、じっくり考えておくと、もしもの時に慌てなくて済みます。
終末期医療の希望の残し方はP70を参照。

● 病名や余命を告知してほしいですか

● 延命治療を希望しますか

● 終末医療は自宅、ホスピス、病院など、どこを希望しますか

● 臓器提供意思カードの有無、献体登録の有無を書いてください

● あなたの希望を自由にお書きください

お葬式のこと

人生最後のセレモニーの基本形として何を選ぶか。
さらに葬儀社の情報を残しておくと、家族の負担が軽くなります。近年のお葬式の傾向はP78以降を参照。

※ ☑ チェックを入れてください

● お葬式の希望

☐ 家族葬　　☐ 一般葬　　☐ 直葬　　☐ 一日葬　　☐ 自宅葬

☐ 無宗教葬　　☐ お任せする　　☐ その他

● 葬儀社

☐ 生前予約している

名称　　　　　　　　　　　　　　　連絡先

☐ 互助会の会員になっている

名称　　　　　　　　　　　　　　　連絡先

☐ お任せする　　☐ その他（　　　　　　　　　　　　　　）

✎ MEMO

お葬式の希望

葬儀の希望を書き残しておきましょう。
遺影、死に装束、お葬式で飾る花、音楽など演出は多彩です。

● 会場に置く遺影　　※ ☑ チェックを入れてください

□ 用意してある（保管場所：　　　　　　　　　　　　　　　　　　　　）

□ これから用意　　　　□ お任せする

● 死に装束（最後の衣装）の希望

● 会場で飾る花、流す音楽などの希望

● 自分の紹介コーナー、最後のあいさつなどの希望

訃報の連絡先

遺族は葬儀の準備に追われていますので、
訃報を知らせてほしい人を一覧にしておくと、大変役に立ちます。

● 知らせてほしい人

名　前	電話番号	メールアドレス

参列者へのメッセージ

元気なうちに手紙を準備し、葬儀で家族に代読してもらう人もいます。
その人らしい、心のこもったメッセージは、参列者の胸に深く刻まれることでしょう。
自分らしいメッセージを考えてみませんか。例文を紹介します。

例文

生前に用意する場合

　ご会葬の皆さま、本日はご多忙の中、私の人生最後のセレモニーに、お集まりいただき、ありがとうございました。

　長い人生の幕を閉じるに当たって今、子どものころ、両親、兄弟姉妹、友人、知人のことなどさまざまな思い出が浮かんで参ります。そして最愛の家族と過ごした日々を振り返ると、万感の思いで胸がいっぱいです。そして生前の皆さまとのお付き合いに、この場をお借りして深く感謝申し上げます。

　この文章は、私の子どもが代読していると思います。私がこの世を去っても、家族とはこれまで通りのお付き合いをよろしくお願いいたします。皆さまの今後の健康とご活躍を願っております。

　そして、「ああ、いい一生でした」。これを私の人生最後の言葉といたします。ありがとうございました。

あなたのメッセージ

（記入日　　　年　　　月　　　日）

お葬式後のあいさつ状

家族葬など小規模なお葬式が増えてきました。
葬儀への会葬がかなわず、最後のお別れができなかった友人知人の気持ちを考えて、
お葬式の後、家族からあいさつ状を送ってもらうとよいでしょう。
喪主が書くのが一般的ですが、生前に用意する人もいます。

例文	
喪主が用意する場合	謹んでお知らせ申し上げます。（父、母）○○○○は、かねて病気加療中のところ、○○市の○○病院で、〇月〇日、○○歳の生涯を閉じました。生前、葬儀は身内で済ませることを希望しておりました。このため通夜、葬儀・告別式は親族のみで〇月〇、〇日、○○市で執り行いました。事情にご理解をたまわれば幸いです。 　○○の生前は、公私ともに皆さまに大変お世話になりました。今後とも私ども家族とは変わりなく、お付き合いのほど、よろしくお願いします。
生前に用意する場合	生前は皆さまとお付き合いする機会に恵まれ、深く感謝申し上げます。皆さま、そして家族のおかげで、公私ともに充実した人生を送ることができました。 　なお、人生最後のセレモニーである葬儀につきましては、できるだけ簡素に見送ってほしいという私の希望で、家族、親族のみで執り行うよう家族に申し伝えました。なにとぞ、私の胸中をお察しの上、ご理解たまわりますよう、よろしくお願い申し上げます。

● あいさつ状を送ってほしい宛先

名 前	関係（　　　　　　　）
住 所	〒　　　　　－
電話番号・メールアドレス	

名 前	関係（　　　　　　　）
住 所	〒　　　　　－
電話番号・メールアドレス	

● あいさつ状を送ってほしい宛先

名 前	関係（　　　　　　　　　　）
住 所	〒　　　　　-
電話番号・メールアドレス	

名 前	関係（　　　　　　　　　　）
住 所	〒　　　　　-
電話番号・メールアドレス	

名 前	関係（　　　　　　　　　　）
住 所	〒　　　　　-
電話番号・メールアドレス	

名 前	関係（　　　　　　　　　　）
住 所	〒　　　　　-
電話番号・メールアドレス	

名 前	関係（　　　　　　　　　　）
住 所	〒　　　　　-
電話番号・メールアドレス	

名 前	関係（ ）
住 所	〒　　　　-
電話番号・ メールアドレス	

名 前	関係（ ）
住 所	〒　　　　-
電話番号・ メールアドレス	

名 前	関係（ ）
住 所	〒　　　　-
電話番号・ メールアドレス	

名 前	関係（ ）
住 所	〒　　　　-
電話番号・ メールアドレス	

名 前	関係（ ）
住 所	〒　　　　-
電話番号・ メールアドレス	

大切な人へのメッセージ

記入日		
年	月	日

もしもの時、ゆっくり話をすることは難しいかもしれません。
今のうちに大切な人へのメッセージを残しておきませんか。
照れくさくて口に出せない感謝の言葉も、文章にするなら素直に表現できそうです。

さんへ（記入日　　　年　　　月　　　日）

さんへ（記入日　　　年　　　月　　　日）

さんへ（記入日　　　年　　　月　　　日）

さんへ（記入日　　　年　　　月　　　日）

さんへ（記入日	年	月	日）

さんへ（記入日	年	月	日）

さんへ（記入日	年	月	日）

さんへ（記入日	年	月	日）

さんへ（記入日	年	月	日）

お墓、納骨堂などの希望

記入日		
年	月	日

お墓、納骨堂、遺骨をどうするか。残された家族にも悩ましい課題になる場合があります。
自分の希望をまとめてください。お墓、納骨堂の最近の傾向はP82以降を参照。

※ ☑ チェックを入れてください

● お墓の希望

☐ 家の墓・納骨堂　　☐ これから探す　　☐ 家族に任せる

● お墓・納骨堂が決まっている場合

墓地名	
契約者	
住 所	〒　　　　-
電話番号	
お墓を継承してほしい人	

● これから探す場合

☐ 墓（納骨堂）を用意したい　　☐ 散骨　　☐ 樹木葬　　☐ 自治体の合葬墓

● お墓の費用について

☐ 預貯金をあててほしい　　☐ 特に準備していない

● あなたの希望を自由にお書きください

お墓、納骨堂の見取り図

自分で管理したり、お参りしたりしているお墓、納骨堂の所在地、
位置がわかるような地図、見取り図を書いてください。写真や資料を貼ってもいいでしょう。
所在地の住所も忘れずに。P60も、同様にお使いください。

終活ってなんだろう

「終活」に関する情報が新聞、テレビ、週刊誌、ネットなどで氾濫しています。
これをどう受け止めたらいいのか。終活の意味を考えます。

広がる範囲、「選択科目」と考える

　終活という言葉は、2009年に週刊誌の連載記事で使われたのが始まりと言われ、流行語にもなりました。少子高齢化を背景に、高齢者自身がお葬式、お墓などの準備をしたりエンディングノートを書いたりすることから広がり、遺産相続、高齢期の住まい、介護、生前整理、終末期医療、死後事務など分野は広がる一方です。ただ、学問体系ではないので、一種の社会現象ととらえた方が事の本質が見えてきます。ですから、人によって解釈が違い、高齢期を充実して生きる手段であると強調する方も増えています。

　一方、「高齢期は終活をしなければ」という風潮も広がっています。シニアの生活は価値観や、家族、社会との関係などが複雑に絡み合い、人それぞれ。ですから終活の各種分野をすべて行う必要はなく、気になる分野を調べたり専門家に相談したりすればいいのです。つまり終活の各種項目は必修科目ではなく、「選択科目」ととらえた方が理にかなっています。

手法は多様化、注意点も

　選択と言えば、お葬式、お墓などは、さまざまなスタイルが編み出されています。統一した基準のある時代から、自分に合った方法を選ぶ時代に移りました。ただし、「墓じまい」など流行語のように広まった言葉をうのみにすると、弊害も出てきます。周りによく相談しないで墓じまいをして家族、親族がショックを受けるような例です。終活情報は自分の家庭事情や環境に適するかどうかを吟味することが大事です。

タブー視せず、若い世代にも

　一方、「終活は死に支度」というイメージから、嫌う人もいます。価値観は自由とはいえ、自分の困りごとを解消する終活関連の知識に、目をふさぐことになりかねません。タブー視せず、必要な知識は率直に受け入れる。そんな姿勢が求められそうです。

　そして、遺産相続、遺品整理、お葬式、お墓などの知識は、後に残された世代にも大切です。高齢者を支える若い世代もこうした問題で悩んでいるからです。社会の高齢化、長寿化を背景に生まれた終活は、その範囲、対象の世代を広げ、変化し続けています。

片付け① 生前整理 こうしては

「生前整理」「断捨離」という言葉がすっかり定着しました。
ただし、「ものは捨てなければ」という思い込みも生んでいます。
捨てる。捨てない。これをどう判断したらいいかをまとめました。

生前整理の基準の例

不要と判断しやすい	判断に迷う	捨てられない
●汚れや破損で使えないもの ●消費、使用期限切れの食品、化粧品、医薬品ほか ●家族に見られて恥ずかしいと感じるもの	●日用品…衣類、靴、寝具、タオル類、食器、人形、置き物、本、雑誌、CD、レコードほか ●結婚式の引き出物などいただきもの（箱に入った食器など） ●デパート、商店などの紙袋や包装紙 ●整理されていない写真・アルバム、ビデオ類	●過去の日記、手紙、卒業証書、給料袋など人生の記録 ●子どもの成績表、幼稚園や小学校時代の作品 ●思い出が詰まった記念品、おみやげ、誕生日などのプレゼント、昔の喫茶店のマッチほか

3通りに分けてみる

　一般家庭によくあるものを3分類してみました（上表）。これは一応の目安で人によって違うと思いますが、ざっと3分類の見当をつけて、まず自分で不要と思えるものから少しずつ処分すると取り組みやすいでしょう。

　処分を迷うものは、生かして捨てる方法を考えると手放せるものもあります。まず子どもや親族、友人、近所の人に使ってもらう。町内会の資源回収に出すか、教育・文化、福祉関係施設に寄贈する。リサイクルショップに持ち込む方法もあります。

捨てられなかったら

　断捨離、生前整理という言葉が一人歩きして、「高齢になったら、後に残る子どもに迷惑を掛けるので、ものは捨てなければならない」と思い込むことはないでしょうか。普段使わないものでも、人生の思い出が詰まっているものはたくさんあります。ものには、記憶を呼び戻す機能もあります。そういうものまで捨ててしまうと、人生の質を悪くしかねません。

　所持品の程度にもよりますが、捨てられないものは、残しておいて時々、手に取って思い出に浸るひと時を過ごしてもいいでしょう。捨てられないものが多い場合は、空いた部屋にまとめて保管するのも方法です。日々の生活はよく使うものだけコンパクトに手元に集めて、合理的に過ごすのはいかがでしょうか。

　「それでは、残る子どもたちに迷惑がかかる」。そう心配なさる方は、ものの処分を専門業者に依頼する費用を残すのも、一つの方法です。

片付け②　子世代はこんな配慮を

ものの整理は処分するだけではありません。
高齢期には、手際よく整頓して安全に暮らすことが重要になります。
子ども世代が親のものを片付ける場合も、安全への配慮がポイントになります。

頭ごなしはNG

　家具、日用品などの処分を巡っては、親子が対立しがちです。個人差はありますが、高齢になるほど、ものをためがちになり、世代が若いほどものを処分しようとする傾向があるようです。高齢者がものをためこむのは、もの不足の時代の体験、捨てるのが体力的に困難、ものに思い出があるといった理由が指摘されます。

　親を支える世代にとっては「何でこんなもの

まで」と感じることも多いと思います。でも、頭ごなしに「これ、いらないんじゃない」「捨てなさいよ」とやってしまうと、親子げんかのもとになります。

　また、不要な家具と思えるものでも、夜中にトイレに立つ時の手すり代わりに使っているということもあるので、勝手に動かさない方がいいでしょう。

ゴールデンゾーンを意識して

　「ゴールデンゾーン」という言葉をご存じですか。スーパーなどの商品陳列棚で、お客さんが最も見やすく手に取りやすい範囲です。これは、家庭の整理収納でも、ものを取り出しやすい範囲として応用されています。

　ゴールデンゾーンの範囲は、個人差はありますが、腰から目線あたりを指すことが多いようです。高齢になると、身体機能の衰えで、ゴールデンゾーンより高いところ、低いところに手が届きにくくなります。子ども世代が親の家を片付けるなら、まずゴールデンゾーンにはよく使うものだけを置く。そして時々使うもの、あまり使わないものは、それより

高い場所に軽いもの、低い場所に重いものを移動する。そうすると、親が暮らしやすくなるでしょう。

　P62で説明したように、あまり使わないものを空いた部屋に集める場合には、重いものを運

んであげるのも親の手助けになります。また、よく耳にするのは、子ども世代が親の家に自分たちのものを置いたままにしているケース。程度の問題ですが、これも気を付けたい点の一つのようです。

片付け③　遺品整理 ここに注意

親を失った子ども世代が直面するのが、家の中にある遺品整理です。
その注意点や、相続した不動産に関連する新制度を紹介します。

遺品整理のポイント

● 一人でしない

まず、親の家で遺品を整理する際に大変なのは、心理的な負担です。親の家からは昔の記念品、親子の思い出の品など記憶のあるものがたくさん出てきます。感情があふれて、整理が手につかないこともあるでしょう。一人で作業するのはなるべく避け、兄弟姉妹などと一緒にすると幾分、心理的な負担が軽くなりそうです。

遺品の処分は、限られた期間でしなければならないケースが多いと思います。生前整理のように施設への寄贈やリサイクルショップへ持ち込む余裕はないかもしれません。そういう時は、近所の人に声をかけると、台所、園芸などの日用品などをもらってくれることがあります。

● 水道管凍結にご用心

冬の遺品整理は大変なので、春からする場合が多いでしょう。北海道で問題になるのは、冬の空き家管理です。特に一軒家は、屋根の雪もさることながら、水道管凍結防止が大きな注意点です。水道管を破裂させたら大変です。心配なら水抜きなどの対策を専門業者に相談するのも方法です。施錠はくれぐれも忘れずに。近所との関係は大切です。連絡先を伝え、春になったら片付けに来る旨を話しておくとよいでしょう。

● 相続した土地、建物の新制度

「所有者不明の土地」が全国で増加し社会問題になっています。そこで2023年4月から、相続した土地を国が引き取る「相続土地国庫帰属制度」が始まっています。また、2024年4月から、不動産（土地、建物）の相続登記が義務化されます。不動産の相続を知った日から3年以内にする必要があります。いずれも、札幌法務局などのホームページで詳しく確認することができます。

 若者も終活！？

ネット上に10代、20代向けの終活情報が飛び交っています。終活に関心を持つ若者層も多く、将来設計の意味合いも大きいようです。

日本財団（東京）は2023年11月、全国の17〜19歳の千人対象の意識調査で、63.4％が「老後に不安がある」と回答したという結果を発表しました。少子高齢化や年金不安などが背景のようです。

しかし、終活に取り組む今のシニア層には意外な結果かもしれません。自分たちの若い頃は、高齢化は実感できず、経済が右肩上がりの時代だったからです。1960年代の「美しい十代」「高校三年生」など青春歌謡をご記憶ですね。甘い感傷を織り込んだ曲と歌詞には、老後不安など影も形もありません。

さて、老後に不安を抱き、終活に関心を寄せる2020年代の若年層。「青年よ大志を抱け」ですか。まあ、それはそれとして。人生100年を現実主義で生き抜こうとする時代の申し子たちです。育った時代、心情に思いを巡らし理解を深めるのもシニアの務めのような気がします。

片付け④　デジタル終活

シニア層もスマートフォン、パソコンを使いこなす方が急増しています。
ただし、亡くなった方のスマホ、パソコンが開けないケースも目立ちます。
これに備え「デジタル終活」が必要な時代です。

デジタル遺品とデジタル遺産

　厳密な定義はありませんが、デジタル遺品とはデジタル環境でないと実態が分からないものを指すのが一般的です。パソコン、スマホの内部に記録されている文字、画像データがその一つ。さらに故人が使っていたLINE、X（旧Twitter）などSNSや、ネットショッピングなどの情報なども含まれます。

　ネット銀行の預金、ネット保険など金銭的に価値があるものはデジタル遺産と呼ぶことが多いようです。この遺品、遺産の情報を整理し、取り扱いを家族に分かりやすくしておくことをデジタル終活と呼ぶようになりました。

● **デジタル終活の範囲**

デジタル遺品	デジタル遺産
●パソコン、スマホ、タブレット端末のIDやパスワード、内部に保存されている写真、文字情報 ●USBメモリー、SDカード ●SNSなどのアカウント情報 ●クレジットカード情報	●ネット銀行の預金 ●ネット保険 ●スマホ決済サービス ●暗号資産（仮想通貨） ●電子マネー、各種ポイントほか

デジタル終活の必要性と方法

　パソコン、スマホは画面が開けないとお手上げです。開けても、例えば、故人が使っていたネット上の通販など会員サービスを解約したいが、パスワードが分からず解約手続きができないといった困りごとが後を絶たないのです。また、パソコン内部などのデータを消去しないと個人情報が流出し悪用されるかもしれませんし、ネット上の有料サービスを解約しないと口座から料金の引き落としが続くのが心配です。

　ですから生前整理の一環として、自分のデジタル機器、関連情報などを一度、リストアップすることが必要になります。不要なサービスを止めたり、家族にも知られたくない情報を早めに消去したりするきっかけにもなります。家族に伝える必要のある情報は、紙でP22「デジタル備忘録」のような一覧表を作ると便利です。遺族がデジタル遺品、遺産の扱いで困った時には、最寄りの消費生活センターなどに相談する方法があります。

高齢期の住まい① 自宅での注意点

高齢になると、自宅で過ごす時間が長くなります。
しかし、浴槽内の溺死、階段での転落死など家の中で亡くなる高齢者は、
交通事故死よりはるかに多いのです。自宅での注意点を紹介します。

自宅の危険防止ポイント

❶床での転倒	滑りやすいものを床に置かない。段差の解消	
❷階段での転倒	手すりや滑り止めを付ける	
❸浴室の事故	脱衣所を温めておく	
❹家電製品	経年劣化の前兆に注意	
❺雪の事故	屋根の雪下ろし、除雪機の扱いは慎重に	
❻暑さ対策	エアコン設置の検討を	

❶ 床での転倒

高齢期は足の筋力の衰えで、ちょっとしたことで転びやすくなります。部屋と部屋の間の段差は解消が望まれます。チラシなど滑りやすいものは床に置かないように。電源コードも普段歩くところに、はわせないようにしましょう。

❷ 階段での転倒

転倒防止のため手すりが役立ちます。へりには、ノンスリップ（滑り止め）を貼るのも効果的です。踊り場には、袋に入ったお米、まとめ買いしたトイレットペーパーなど上り下りにじゃまなものは、なるべく置かないようにしましょう。

❸ 浴室の事故

特に冬場に用心が必要なのは、体調の変化によって起きる浴槽での溺死です。血圧の急激な上昇を引き起こす脱衣室と浴室との温度差に注意。寒い脱衣室に、パネルヒーターなど暖房器具を備えることも効果的です。また、入浴する時には、同居の家族にひとこと声をかけておくとよいでしょう。

❹ 古い家電製品

高齢者に関連する家電など製品事故で報告されているのは、30〜40年使用した扇風機、照明器具、温水便座から出火するといった例です。こうした長期の使用はメーカーの想定を超えていると指摘されています。ものを大事にするのは結構ですが、家電製品、ガス器具などは要注意。扇風機、エアコン、換気扇、洗濯機などは2009年以降、設計上の標準使用期限の表示が義務付けられています。長期間使用しているものは、経年劣化事故の前兆である異常音や振動、においなどに気を付けてください。

❺ 雪の事故

屋根の雪下ろしや除雪などで高齢者の事故が、後を絶ちません。屋根の雪下ろしは、無理せず専門業者に依頼するのも方法です。自分でするなら、単独ではなくできるだけ複数で。高齢者は早朝から無理な除雪をしがちです。少しずつ作業してはどうでしょうか。

❻ 暑さ対策

消防庁によると、道内では2023年8月に1847人が熱中症で救急搬送され、このうち62%が高齢者でした。搬送された人数は都道府県別で東京、大阪につぐ3位。道内のエアコン普及率が全国平均よりかなり低いことが背景にあるようです。「暑いのは夏の一時期だけ」では済ませられません。地域や住まいの条件にもよりますが、エアコンの重要性が高まりそうです。エアコンがない場合は、窓の外側にすだれなどを備えて、日差しを遮ることや、部屋の風通しをよくする工夫も有効です。

高齢期の住まい②　住み替え

高齢者向けの住まいと一口に言っても、施設の構造や提供のサービス、料金など内容はさまざまです。主な種類や、住み替えのポイントなどを紹介します。

高齢者向けの住まい

● 主な種類

特別養護老人ホーム（特養）	要介護3以上の人が対象
介護老人保健施設（老健）	リハビリなどで在宅復帰を目指す
有料老人ホーム	食事や介護など生活全般のサービス
サービス付き高齢者向け住宅（サ高住）	バリアフリー構造で、生活相談員が常駐
グループホーム	認知症の高齢者が共同生活を送る
シニア向け賃貸住宅	マンション、共同住宅、下宿ほか
軽費老人ホーム（ケアハウス）	家庭の事情などで家族と同居出来ない人が対象

●主要な施設

　代表的な施設の一つが特別養護老人ホームで、社会福祉法人などが運営しています。日常的に介護が必要な人が食事や入浴、排せつなどのサービスを受けられます。費用は札幌市内で月額8万〜13万円程度とされています。

　もう一つの代表例が有料老人ホーム。食事や介護など生活全般のサービスを提供します。施設のスタッフが介護する「介護付き」と、介護保険を外部の介護事業所と契約する「住宅型」があります。費用の目安は札幌市内で月額10万〜30万円程度と幅があります。

　近年、増えているのはサービス付き高齢者向け住宅（サ高住）で、道内の半数強が札幌市内にあります。バリアフリー構造で、安否確認と生活相談のサービスを提供します。費用の目安は、札幌市内で月額10万〜30万円台とこれも幅があります。各住宅の家賃やサービス内容を確認するには、一般社団法人高齢者住宅協会（東京）が運営するホームページ「サービス付き高齢者向け住宅情報提供システム」が便利です。

●選ぶポイント

　有料老人ホームやサ高住などを念頭に、高齢者住宅を選ぶポイントをまとめると以下のようになります。

①**立地条件**……近くの公共交通機関や周辺の環境

②**入居条件**……介護度、連帯保証人や身元引受人

③**入居の費用**…家賃、共益費、管理費など月額、敷金など一時金

④**食事**…………1日3食か2食か、食事がいらない日の費用の扱い

⑤**部屋の設備**…トイレ、洗面所、キッチン、暖房設備ほか

●選ぶ際の注意点

　施設を見比べることが不可欠で、数カ所は見学した方がよいでしょう。食事の時間帯は入居者の様子が分かるメリットがあります。食事は、可能なら試食させてもらいましょう。月額費用の支払い額は、年金など使えるお金の7割程度が目安と言われます。施設に支払う費用のほか、医療費、交通費、おこづかいなどが必要だからです。

高齢期の備え① 介護保険、成年後見制度

2000年にスタートした介護保険制度は、
高齢の親を支える子ども世代も知っておきたい制度です。
介護保険と並んで高齢者を支える両輪と言われる成年後見制度も、同時に始まっています。

※2024年1月現在の情報です。

制度のあらまし

介護保険は、要支援、要介護と認定された後に、費用の1〜3割を自己負担し介護サービスを利用します。サービス利用の相談先は、市区町村の介護保険担当窓口か地域包括支援センターになります。

まず市区町村に申請して、介護度を認定してもらいます。介護度は要支援1、2、要介護1、2、3、4、5の順に重くなります。そして利用計画（ケアプラン）が必要になります。作成は要支援なら、地域包括支援センターの職員が担当。要介護は居宅介護支援事業所の介護支援専門員（ケアマネージャー）が担当します。主なサービスは次の通りです。

●訪問介護サービス

介護保険の代表例の一つが訪問介護で、ホームヘルパーが自宅を訪れ行います。サービスの一つは身体介護で排泄、食事、入浴などの介助になります。もう一つが掃除、洗濯、調理など生活援助。このほか訪問看護もあり、看護師らが自宅に来て健康観察などを行います。自宅に浴槽を持ち込んで、入浴を介助するサービスもあります。

健康と介護のはざま「フレイル」

健康状態と要介護状態の中間の「フレイル」が関心を集めています。加齢で心身が衰え、体重減少、歩く速さが遅くなる、疲れやすいなどが特徴です。しかし、適切な対応をすれば元の健康状態に戻ることも可能です。

なじみが薄いと、この言葉に抵抗を感じるかもしれません。「衰弱など日本語でいいのではないか」「なぜ外来語を使うのか」。はい、ごもっともと言いたいところですが…。この言葉は、日本老年医学会が2014年に提唱しました。海外の老年医学用語「フレイルティ」が語源で虚弱、老衰、衰弱などと訳されていました。それでは弱る一方という感じで、適切な措置で回復する意味には解釈しにくい。回復できる意味も持たそうと、フレイルという新たな訳語が考案されたのです。

フレイル対策は、栄養、身体活動に加え社会参加が三本柱。外に出て人と会うことがフレイル、介護予防につながります。第二の人生の就労、趣味、ボランティア、サークル活動などの大切さは、ここにもあるのです。

健康的な状態 ⇄ フレイル ⇄ 要介護

●通所介護（デイサービス）

　訪問介護とともに身近なのは、デイサービスです。会場のデイサービスセンターと自宅の間は車で送迎してくれます。利用時間は朝から夕方まで、あるいは半日が一般的です。入浴、昼食のサービスのほか、運動、レクリエーション、リハビリなどを受けて過ごします。

●短期入所生活介護（ショートステイ）

　主に特別養護老人ホームや介護老人保健施設で高齢者を短期間受け入れるサービスです。食事や入浴など日常生活の支援や、運動など機能訓練を受けます。高齢者の世話をしている家族らが、旅行や休養を取る場合などに利用しています。連続して宿泊できるのは30日間が限度です。

●福祉用具、住宅改修費

　介護保険で自宅での生活を支える福祉用具が借りられたり、購入費の一部が支給されたりします。レンタルの福祉用具は住宅改修を伴わない手すり、歩行器、車いす、つえ、介護用ベッドなどです。購入費支給の対象となるのは、ポータブルトイレ、入浴用のいす、簡易浴槽など。1〜3割の自己負担を含め年間10万円が限度です。

　また、小規模な住宅改修を行った場合、改修費が支給されます。対象は手すりの取り付け、段差解消、滑り止めなど床材変更、扉、便器の取り換えなど。利用限度額は、自己負担分も含め1人20万円です。

解説

成年後見制度

　認知症、知的障害、精神障害などの判断能力が不十分な人の財産管理や、契約ごとを後見人が本人に代わって行うのが成年後見制度です。

　これは任意後見制度と法定後見制度に分かれます。任意後見とは本人の判断能力が低下した場合に備えて、財産管理などの任意後見契約を結んでおく制度です。主に使われているのは法定後見制度で、認知症などで判断能力が不十分な場合に、市区町村長、本人、家族・親族らが家庭裁判所に申し立てを行い、家裁が後見人を選びます。後見人は家族・親族がなる場合もありますが、現在は司法書士、弁護士、社会福祉士ら第三者が中心です。

　後見人の仕事は介護や福祉サービスの契約、入退院手続きのほか、財産目録の作成、収入や預貯金など財産の管理が大きな柱です。本人に代わり不動産の売却もします。

　成年後見制度に全国で取り組んでいるのが司法書士の団体「公益社団法人成年後見センター・リーガルサポート」で、道内には札幌、旭川、函館、釧路の4支部があります。

高齢期の備え②　終末期医療

病気やけがなどで命の危険がある場合、70％の人は医療の希望を周りの人に伝えることや、
自分で決めることができなくなると言われています。
自分の希望をどう伝えておくか、その方法をまとめてみました。

エンディングノート

　手軽なのは、エンディングノートに自分の希望を書いておくことです。書式などを気にせず、自由に自分の意思を書き残せます。ただし、エンディングノートはさまざまな事柄を書くので、不測の事態に備え終末期医療の希望の部分を家族らに知らせておいて、読んでもらうことが課題になります。

尊厳死宣言公正証書

　尊厳死とは一般に、末期状態で回復の見込みのない状態に陥った時に延命措置を断って死を迎えることを意味しています。この希望を公証役場の公証人に伝え、公証人が公正証書に明記することで、本人の希望を証明するのが狙いです。公証役場についてはP76を参照。

事前指示書

　病院、高齢者施設などで普及しているのが事前指示書です。全国的に統一した書式はありませんが、代理人指示、医療・ケアの指示の二つが代表的な内容です。代理人指示とは判断能力がなくなった場合に、医療・ケアの内容を自分の代わりに判断してもらう人を明示しておくことです。医療・ケアの指示はリビング・ウイルとも言われ、受ける、受けないを表明しておくことです。具体的な項目は ①心臓マッサージなどの心肺蘇生 ②延命のための人工呼吸器の使用 ③抗生物質の強力な使用 ④胃ろう、鼻チューブによる栄養補給 ⑤点滴による水分補給─が共通しているようです。

日本尊厳死協会

　公益財団法人日本尊厳死協会（東京）は1976年に発足した全国組織で、会員の尊厳死の意思を第三者である協会が証明する仕組みです。協会が用意しているのはリビング・ウイル（人生の最終段階における事前指示書）で、死が迫った場合や意識がない状態が長く続いた時は、死期を延ばすだけの医療措置を希望せず、苦痛を和らげる緩和ケアを望む内容です。署名した事前指示書を協会に送り会費を振り込むと、協会が原本を保管し原本証明付きのコピーと会員証が送られてきます。協会の北海道支部もあり、その活動はホームページで知ることができます。

アドバンス・ケア・プランニング（ACP）

　厚生労働省が推奨している手法が、アドバンス・ケア・プランニング（ACP）で、2018年に「人生会議」という愛称が付けられました。人生の最終段階で、どういう医療やケアを受けるのか、本人と家族、医療従事者が事前に繰り返し話し合う取り組みです。自分の希望を周囲と話し合って決めていくため、家族の理解も得やすく、希望する医療・ケアが受けやすくなることが期待されています。

高齢期の備え③　死後事務委任

死後の葬儀、納骨など諸手続きを第三者に委託して行ってもらう「死後事務委任契約」。
一人暮らしの高齢者の増加で、関心を集めています。その主な内容を紹介します。

死後事務委任の主な内容

葬儀関連	遺体の引き取り、葬儀社との打ち合わせ、関係者への連絡、葬儀、火葬、埋葬
各種手続き	医療費精算、官庁などへの諸届出、光熱費など公共料金の支払い・契約解約、スマホやネットの料金支払い・契約解約
住まい関連	賃貸物件の契約解除手続き、明け渡し立ち合い、家財道具・生活用品の処分

長男の役目を果たす

　死後事務委任は厳密な定義がありません。一般的にお願いできる手続き、作業を表にまとめました。ご覧になって、お分かりのように葬儀、埋葬、料金支払い、諸手続きなど、かつては高齢者の長男の役目でした。一人暮らしの高齢者が珍しくなくなり、家族、親族関係の希薄化で、自分の死後に不安を抱く人が増えてきました。判断力が低下した時に、財産管理や契約ごとを代わって行う成年後見制度がありますが、後見人の仕事は依頼先の人が亡くなった時点で原則終了します。ですからお葬式、埋葬など死後の不安があれば、成年後見とは別に死後事務委任の契約が必要になるのです。

専門家に依頼、報酬は

　誰に何をお願いするかは原則自由ですが、司法書士、行政書士ら法律の専門家が引き受ける例が多いようです。お互いの信頼関係が大事なことは言うまでもありません。契約は公正証書を作っておくと信頼性が高まるようです。報酬の統一した基準はありませんが、死亡時の病院への駆け付け、遺体引き取り、葬儀社との対応で15万円程度、埋葬・納骨の手続きで11万円程度が一つの目安になるようです。ただし、例えば死亡時の対応とひと口に言っても、どこまでの業務をするのか範囲によって報酬は違ってきます。

公的団体が行う例も

　死後事務委任は、契約期間が10年以上の長期にわたることもあります。法律の専門家以外に、道内では本別町社会福祉協議会が行っている例があります。道外では神奈川県横須賀市が葬儀社と協力し、葬儀、納骨に対応するエンディングプラン・サポート事業が有名です。こうした公的機関の対応も今後、重要視されそうです。

　国立社会保障・人口問題研究所の推計によると、道内の世帯主65歳以上の単独世帯は2015年で32万5千世帯だったのが、2040年には42万9千世帯に増える見込みです。そのころには、高齢者の4人に1人が独居の予測です。ですから、死後事務は今後ますます需要が高まり、社会全体での対応が急務です。

人が亡くなった後の手続き

人が亡くなった後には、さまざまな手続きが必要になります。その主な内容をまとめました。
手続きをしないと止まらないサービスは、早めの解約が必要。
相続関連は手続期限が要注意です。

※2024年1月現在の情報です。

市区町村への届け出

自治体によっては、死後の手続きをまとめて行う「おくやみ窓口」を設けている例もあります。

死亡届	死亡の事実を知ってから7日以内が期限。医師の死亡診断書を提出して届け出。この時に火葬許可を申請し火葬許可証を受け取ります。火葬は原則、死後24時間たたないとできません。死亡届に必要な死亡診断書は保険、年金など各種手続きに備えコピーを数枚とっておくと便利です
葬祭費の申請	国民健康保険、後期高齢者医療の加入者の葬祭を執り行った人が申請
資格喪失届	国民健康保険、介護保険、後期高齢者医療
高額医療	高額な医療費を払った場合は、高額医療費が還付される場合があります
マイナンバーカード	死亡届を出すと自動的に失効するので、返却は不要。死後の諸手続きに必要な場合もあるため、一定期間は保管しておくとよいでしょう
印鑑登録	死亡届を出すと自動的に失効
社会福祉関係	手帳、受給者証の返却（身体障害者手帳、療育手帳、精神障害者保健福祉手帳、重度心身障害者医療費受給者証）
配偶者との関係	亡くなった配偶者の親族と姻戚関係を解消するには「姻族関係終了届」、配偶者が亡くなり旧姓に戻したい時は「復氏届」が必要
墓じまい	改葬許可を申請し、改葬許可証をもらう ▶詳しくは、P84「増える墓じまい」を参照

年金関係

国民年金、厚生年金の受給停止	年金事務所へ届け出
遺族基礎年金（国民年金）、遺族厚生年金（厚生年金）の請求	市区町村、年金事務所へ届け出

公共料金、民間サービス

電気、ガス、水道、NHK、固定電話、スマホ	それぞれ加入の事業者に連絡。亡くなった人の口座やクレジットカードは使えなくなるので、継続して使用する場合は支払い方法の変更が必要
生命保険、クレジットカード	加入している会社に連絡
パソコン、スマートフォン	LINE、FacebookなどSNS、メールマガジン、ブログ、動画配信、ネット銀行など。有料、無料サービスとも解約 ▶P65「デジタル終活」を参照

相続関連

関連の基本的な知識は、P74〜77「相続」を参照。

預貯金の払い戻し	金融機関が亡くなったことを知った時点で、口座は凍結されます。葬儀費用などのため一定割合は、金融機関で払い戻しできる制度があります。預貯金全体の相続には遺産分割協議書、遺言書などが必要。あらかじめ各金融機関に必要書類を確認しておくと便利です
法定相続情報証明制度	戸籍関係の情報を一通の証明書にまとめる制度。戸籍関係の書類をそろえて、法定相続情報一覧図を作り法務局に提出。確認が済むと一覧図の写しが交付されます。預貯金の相続の際に、必要書類が一覧図の写しで代用できる場合があります
所得税準確定申告	亡くなった人の所得の確定申告。相続開始を知ってから4カ月以内に税務署で手続き
遺言書	自筆の場合は自宅の机やタンスの引き出し、仏壇などを探すか、法務局に預けていれば法務局に問い合わせ。公正証書は公証役場に問い合わせ
相続税の申告、納付	相続開始を知ってから10カ月以内に税務署で手続き
相続放棄、限定承認	いずれも相続開始を知ってから3カ月以内に家庭裁判所に申し立て
遺留分の請求	相続の開始及び遺留分の侵害があったことを知ってから1年以内に相続人に請求

相続① 相続の流れ、法定相続人

遺産相続をめぐって争う当事者を「遺産争族」と言ったりします。家一軒と預貯金が多少。
これがよくもめるようです。
身近なトラブルに備え、相続の流れと法定相続人の順位を解説します。

※2024年1月現在の情報です。

遺言書、遺産分割協議、家庭裁判所へ

　亡くなった人の財産は、まず遺言書があればそれに従って分割します。遺言書がなければ、民法で決められた法定相続人全員が納得するまで話し合って決めます。これを「遺産分割協議」といいます。法定相続人の話し合いで決められない場合は、家庭裁判所で裁判官と調停委員が間に入って話し合う「調停」に持ち込むことができます。それでも結論が出ない場合は、家庭裁判所が判決に相当する「審判」を下して決まります。近年、全国の家庭裁判所が扱った遺産相続の案件で、ほぼ3分の1は財産額1千万円以下。「遺産が少ないので、争いは起きない」というのは大きな誤解と言えそうです。

「法定相続人」の順位

　法律で定められた相続人を「法定相続人」と呼び、その優先順位と範囲が決まっています。

　法定相続人は、配偶者を最優先し、第1順位、第2順位、第3順位が決められています。実際に相続人を確定するには、亡くなった人の一生の戸籍をさかのぼって確認する必要があります。

●法定相続人の優先順位

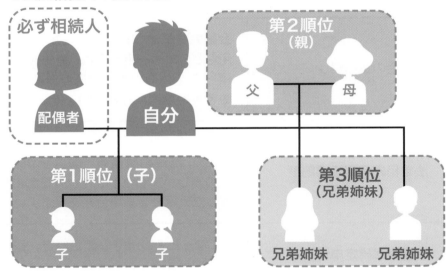

配偶者

法律上、結婚している配偶者は必ず法定相続人になります。

第1順位

亡くなった人の子どもです。実子、養子を問いません。子どもがいなければ、孫がなります。これを「代襲相続」と言います。

第2順位

第1順位の子どもがいなければ、父母が第2順位となって法定相続人になります。父母が亡くなっていれば、祖父母、曽祖父母とさかのぼります。

第3順位

第1、第2順位の人がいない場合は、兄弟姉妹が法定相続人になります。兄弟姉妹が亡くなっていれば、おいやめいがなりますが、おい、めいが亡くなっていても、その子はなれません。

子どもの配偶者

故人と同居していて家族同様であっても法定相続人ではありません。ただし、2019年に子どもの配偶者が、亡くなった人に貢献した場合は、遺産の相続人に金銭を請求できる制度ができました。例えば、長男の妻が亡くなった人を介護していた場合を想定しています。

相続② 法定相続分、遺留分

民法で定められた法定相続人が相続できる財産の割合を法定相続分といいます。
兄弟姉妹以外の法定相続人には最低保証として、遺留分も認められています。

法定相続での分割

● 法定相続分

配偶者のみ

配偶者が
全部

配偶者と子
（第1順位）

子
1／2

配偶者
1／2

配偶者と親
（第2順位）

親
1／3

配偶者
2／3

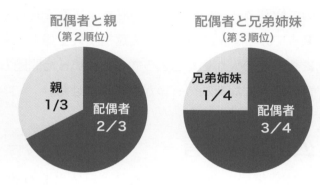

配偶者と兄弟姉妹
（第3順位）

兄弟姉妹
1／4

配偶者
3／4

配偶者がいる場合の法定相続の割合をグラフにしてみました。相続人が配偶者だけなら全部の遺産を相続します。第1順位の子どもがいれば子どもと分割。子どもがいなければ第2順位の親と分割。子ども、親がいなければ、第3順位の兄弟姉妹と分割します。子ども、父母、兄弟姉妹の分は人数で均等に分けます。

配偶者がいない場合は子ども、父母、兄弟姉妹の順で、それぞれ全部の財産を相続していきます。

ただし、遺言書や相続人による遺産分割協議で、法定相続とは違う割合で分割することが可能です。ですから法定相続は絶対ではなく、遺産分割の目安、基準であることが注意点です。

なお、2023年からは法改正で、相続開始後10年経過しても遺産分割ができない時は、原則として法定相続分か、遺言書による指定相続で遺産を分割することになりました。

遺留分

法定相続人には、遺言書の内容にかかわらず、最低限相続できる権利があります。これが遺留分で、配偶者や子どもの生活を守るための制度です。遺産に対する遺留分の割合は、法定相続人の状況によって違い、右の表の通りです。兄弟姉妹には遺留分がないのが注意点です。

● 遺留分の割合

法定相続人	遺産に対する割合
配偶者のみ	1／2
配偶者と子	配偶者1／4、子1／4
配偶者と親	配偶者1／3、　親1／6
子　の　み	1／2
親　の　み	1／3
兄　弟　姉　妹	なし

プラスの財産マイナスの財産

遺産と言えば現金、預貯金、不動産、有価証券などプラスの資産を思い浮かべますが、住宅ローンなど借金、連帯保証債務といったマイナスの遺産もあります。これも記録して家族に知らせることが大切です。マイナスの資産が多

ければ、相続放棄も可能です。限定承認と言って、プラスの遺産からマイナスの遺産分を引いて相続する制度もあります。なお、仏壇、仏具など祭祀財産は相続財産とみなされません。

相続③　遺言書

遺産相続を円滑に行うのに、威力を発揮するのが遺言です。
一般的に遺言は「公正証書遺言」と「自筆証書遺言」に大別されます。

　エンディングノートや、この「私のくらし人生帳」は、お葬式、お墓などさまざまな希望を自由に残すのに便利です。ただし、遺産相続などで法的効力を持つのは遺言です。そして有効な遺言を残せば、記載してある財産については法定相続人全員で、遺産分割協議をする必要がありません。法定相続人の中に認知症の人がいたらどうするかといった問題も、遺言があれば軽減される可能性が高くなります。遺言の現代的な意味の一つかも知れません。

公正証書遺言

　公証役場で遺言を残す人が公証人と話し合い、公証人が作成し公証役場で保管します。公証人は法律の専門家ですから、内容が法的に不備になる心配がなく、公証役場が預かることで改ざんや紛失の心配もありません。また、自筆証書遺言なら家庭裁判所での検認と呼ばれる内容確認の手続きが原則、必要になりますが、公正証書遺言は必要がありません。ただし、最低３万〜５万円程度はかかると言われ、費用は財産価額と相続人の数によって変わります。

自筆証書遺言

　文字通り自筆で、氏名、日付け、全文を書き、押印して残す遺言です。紙と筆記用具、印鑑さえあれば自宅でも作れ、公正証書のような費用がかかりません。2019年からは財産目録は、パソコンでの作成や、通帳のコピーでも良いことになりました。ただ、公証人が書くわけではないので、内容が不備で無効になる心配があります。自宅などに保管すると、紛失、改ざんの心配もあります。家庭裁判所での検認も必要です。2020年には、自筆証書遺言書を法務局で保管する制度ができました。この場合、家庭裁判所での検認は不要です。

道内の公証役場	札幌大通、札幌中、小樽、岩見沢、室蘭、苫小牧、滝川、函館合同、旭川合同、名寄、釧路合同、帯広合同、北見の13カ所あります。日本公証人連合会のホームページ（公証役場一覧）で、所在地、電話番号などを確認できます。
道内の法務局	札幌法務局、旭川地方法務局、函館地方法務局、釧路地方法務局があり、各法務局のホームページで、管轄の支局、出張所などの所在地、電話番号を確認することができます。

相続④　相続税、生前贈与

相続税は2015年の制度改正で基礎控除額が下げられ、対象になる人が急増しました。
遺産が多いと思われる方は要注意です。そして、相続税対策として生前贈与に関心が集まっています。

相続税

相続税の基礎控除額の計算式は以下の通りです。

基礎控除額＝3000万円＋（600万円×法定相続人の数）

　例えば、法定相続人が配偶者と子ども1人の場合の基礎控除額は

　3000万円＋（600万円×2）＝4200万円

となります。つまり遺産（課税価格の合計額）が4200万円までは相続税はかからず、これをオーバーした分にかかります。課税価格の合計とは、相続財産に生前贈与の一部を加えた額から、債務や葬儀費用などを差し引いて算出します。

　2015年の改正前の基礎控除は、上記の例だと7000万円でした。これが4200万円に下げられたのですから、相続税がぐっと身近になったのです。

生前贈与

　生前贈与にかかるのは贈与税で、計算方法は2通りあります。一つは「暦年課税制度」と呼ばれ、財産をもらう人ごとに毎年、110万円の非課税枠が設けられています。それを超えた時に贈与税がかかります。

　もうひとつは「相続時精算課税制度」で、若い世代に財産の移転をしやすくする狙いで、作られました。同一の人なら生涯にわたり、合計2500万円まで贈与税は非課税で、これを超える分に、贈与税がかかります。ただし、贈与した人が亡くなると、2500万円までの贈与税非課税分は、相続財産と合算して相続税がかかります。2024年1月には税制改正で、相続時精算課税に2500万円とは別に、年110万円の基礎控除が設けられました。贈与者が同一の場合、暦年課税制度と相続時精算課税制度の併用はできません。

コラム　人生最後の社会貢献「遺贈」

　遺言などで特定の個人、団体に財産を残す遺贈が、近年関心を集めています。遺贈寄付とも言われ、法定相続人がいない場合や、「疎遠な親族に渡すより社会に役立てたい」「相続の争いを避けたい」と行う場合もあります。

　遺言書に希望を残すほか、遺産の相続人が故人の思いを代行するケースもあります。「人生最後の社会貢献」。そんな呼ばれ方もします。遺贈を受け入れているのは日本ユニセフ協会、日本財団、日本赤十字社などが有名で、使途は途上国の子どもたちの教育・医療支援、海外の災害時などの人道支援、国内の医療、教育、社会福祉とさまざま。道内では大学や社会福祉協議会が受け入れている例があります。

　ところで、法定相続人も遺贈のように遺言もなく、相続人不在の遺産はどうなるでしょうか。最終的には国庫に入ってしまいます。その額は2021年度に全国で647億円に達し、過去最高。ため息が出るような、少子高齢化の一断面です。

お葬式① その手順

人生最後の儀式であるお葬式。人が亡くなると、準備は待ったなしです。
その手順をどうするか。注意点も含め基本に立って考えます。

日頃、考えておくこと

そもそもお葬式の意義は、まず故人の死を社会に知らせ、故人を葬ること。さらには遺族らの悲嘆（グリーフ）のケアなど様々な内容を含んでいます。タブー視せず、日頃から考えておく時代になりました。故人をはじめ、遺族、親族、故人の友人、知人らの心情を考慮し、予算、宗教者をどうするかなどを念頭に検討するとよいでしょう。そして、複数の葬儀社に見積もりを取ってもらうと、予算がはっきりしてきますし、いざという時に慌てないで済むでしょう。

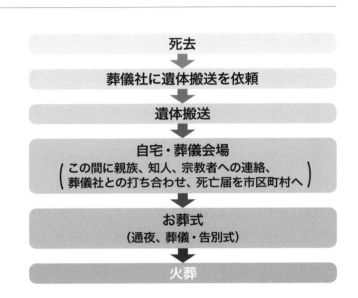

死去
↓
葬儀社に遺体搬送を依頼
↓
遺体搬送
↓
自宅・葬儀会場
（この間に親族、知人、宗教者への連絡、葬儀社との打ち合わせ、死亡届を市区町村へ）
↓
お葬式
（通夜、葬儀・告別式）
↓
火葬

人が亡くなってから

病院で亡くなれば、医師の死亡診断書を受け取り、市区町村に死亡届とともに提出し、火葬許可書をもらいます。遺族は死去のショックで平常心を保つことが難しい場合もあるでしょう。葬儀社との打ち合わせは、親族か信頼できる人に同席してもらうと心強いと思います。また、火葬は亡くなってから原則24時間はできません。

お葬式関連の手順は道内でも地域によって違いがあり、道南では火葬を済ませてからお葬式をする場合もあります。風習の異なる地域で親のお葬式を執り行ったり、親族のお葬式に参列したりする場合、地域事情への配慮も必要になります。

 ## 「友引」はタブーか

「友引」の日にお葬式をするのは、縁起が悪いと思われています。葬儀・告別式は友引を外す傾向があり、道内の火葬場も友引を休場にしている例が多いのです。

しかし、この友引。もともとは「共引」で引き分けの意味です。それが、お葬式をすると縁起が悪いという意味に転化して、一種のタブーとして広まったようです。

札幌市には里塚斎場（清田区）と山口斎場（手稲区）の二つの火葬場があります。友引はいずれも休場なので、翌日は混雑します。火葬件数は今後も増える見込みで、混雑緩和のため、札幌市は2026年度をめどに友引の日も開場する方針です。道外の政令指定都市でも先行例があり、道内でも開場しているところはあります。ただ、利用数が大変多い札幌市が開場に踏み切れば、友引に対する意識を変えていく、きっかけになるかもしれません。

お葬式②　さまざまなスタイル

近年、お葬式の方法はさまざまなスタイルが編み出されています。
それだけに、故人、自分たちにどういうお別れのスタイルがふさわしいのか、選択が重要になりました。

お葬式のスタイル

今日の代表的なお葬式のスタイルは次の通りです。

家族葬	現在、標準となりつつあるお葬式です。家族、親族など少人数でゆっくりお別れができるのがメリットですが、後日、弔問客の対応で自宅を空けにくい場合もあります。
一般葬	親族以外の弔問客にも自由に会葬してもらうお葬式。関係者が一堂に会しお別れができますが、会葬者が多ければ遺族は対応に追われる場合があります。
直葬	「ちょくそう」または、「じきそう」と読む場合もあります。火葬式とも呼ばれ、通夜、告別式など儀式をせずに、火葬だけでごく少人数で故人を見送ります。
一日葬	通夜を省略し、葬儀・告別式だけでお別れをします。会葬者の体力的な負担を減らせるメリットがあります。お葬式の前の火葬が多い道南では午後に、通夜と葬儀・告別式を一括して執り行う例もあります。
自宅葬	故人の自宅でのお葬式です。斎場と違い故人の住み慣れた自宅なので、自由な趣向で、その人らしい送り方ができるメリットがあります。
無宗教葬	宗教者を呼ばないお葬式です。自由葬とも呼ばれます。黙とう、献花、音楽、スライド上映などの演出が多いようです。

気になる費用

　費用の目安は家族葬で40万～100万円、一般葬で100万～200万円、直葬で10万～30万円程度とかなり幅があります。葬儀社のプランには、宗教者へのお礼が入っていない場合も多く、食事などの追加で総費用が膨らむことがあるので、内容を細かく検討する必要があります。

　家族葬など小規模葬は、一般葬に比べ総費用は割安ですが、香典収入が少ないので、持ち出しが多くなることがあります。

さまざまな演出

　お葬式の選択肢とともに増えてきたのが、アイデアを凝らした演出です。例えば死に装束。白い「経帷子」が既製品としてありますが、最近は故人に自由な衣装を着せる例も増えてきました。ひつぎも、寄せ書きをしたり写真を貼ったりすることもできます。故人の思い出コーナーを会場の一角に作り、写真や愛用品を飾ることもできます。ほかにもアロマの利用、故人の好きだった音楽を流すなどさまざまな演出が可能です。

お葬式③ コロナの影響

2020年から始まった新型コロナウイルスの感染拡大は、お葬式の小規模化を加速させました。
2023年5月には5類感染症に移行しましたが、その影響は今後も尾を引きそうです。

家族葬が主流、直葬も

コロナ禍で家族葬は、一般葬に代わり主流になりつつあることが、全国的にはっきりしました。そして、道内でも火葬だけで済ませる直葬が増えました。急激な物価高も高齢者の節約志向を後押しし、直葬が増える背景になったようです。感染防止対策で一日葬、自宅葬も増え、一つの手法として定着しています。

新聞の「おくやみ欄」

コロナ禍の影響は、北海道新聞のおくやみ欄を見れば、はっきりします。まず、2020年から目立ったのが通夜、葬儀・告別式の日時を載せず、「葬儀終了」で掲載する例です。

お葬式の小規模化が急速に進む札幌市を例にとると、コロナ禍前の2019年は、掲載数に対する葬儀終了の割合は40%程度でした。ところがコロナ禍が始まった2020年は一時期、70〜80%に跳ね上がりました。5類感染症に移行した後の2023年6−8月でも、掲載のうち葬儀終了は57・5%です。そもそも、札幌市内はおくやみ欄に掲載しない方が多い。葬儀日程をお知らせしない傾向はさらに進んだようです。

また、日程を新聞に掲載しても弔問客の焼香時間として、通夜、葬儀・告別式〇日午後〇時〜〇時（随時）と表記し、親族だけのお葬式とは区別することもコロナ禍で始まりました。

小規模化の一方で

お葬式の小規模化はこの10年、15年の傾向です。1990年代以降の長い経済不振に加え、少子高齢化がそれを後押ししました。それ以前の右肩上がりの経済を背景にした大規模葬で、お金がかかり、大勢の会葬者への対応で故人をゆっくり見送れないことを反省する機運も高まりました。

しかし、お葬式を知らせしない傾向が強まった結果、会葬したくてもできない人々が大勢、現れるようになったのです。コロナ禍はその傾向を一段と、鮮明にしました。親しい人が亡くなったことに加え、お別れができなかったことで、悲しみは一層深まることもあります。

大規模化と小規模化の両極端で、負の側面に苦い思いをした私たち。極端に走らず、故人、遺族の気持ちを最大限尊重しながら故人を思う周りの人にも配慮する。平凡ながら、そんなお葬式を目指す時期に来ているのかもしれません。

お葬式④　終わった後で

お葬式が済んでも、遺族の役目が終わったわけではありません。注意点は何でしょうか。
一方、会葬がかなわなかった人はどうすればいいのか、考えてみました。

遺族側はどうする

●自宅への弔問客

　家族葬など小規模葬が中心になったので、お葬式の後、自宅への弔問客が増えることも予想されます。落ち着かない場合もあるでしょうが、「知らなかった故人のエピソードを弔問客から聞けた」という感想を耳にすることもあります。

●あいさつ状

　身内が亡くなったことのお知らせは、従来は年末を控えて、喪中のはがきを出すことが一般的に行われてきました。ただし、家族葬が主流になった今では、葬儀に会葬できない人に配慮し、喪主が亡くなったことを知らせるはがきを出す例も増えてきたようです。主な内容は死去の日、享年、生前のお付き合いへの感謝の気持ちのほか、家族だけのお葬式が故人の希望であったなどと説明するのもいいでしょう。

●納骨は慌てずに

　お墓や納骨堂への納骨時期は、四十九日や一周忌、三回忌を思い浮かべますが、どのぐらい自宅に遺骨を置けるのか、決まった時期はありません。ゆっくり時間をかけて納得のいく時期を考えていいでしょう。

親しかった人たちは

●お別れの会やお墓参り

　家族葬などで、会葬できなかった人たちは弔問のほか、親しい人たちが集まってお別れの会を開くこともできます。趣味のサークルで亡くなった人がいたら、追悼例会を開く形式もいいでしょう。親しい人だけでお墓や納骨堂にお参りに行き、食事会を開くなどの方法もあり、心も少しはいやされるのではないでしょうか。

コラム　多死社会

　2022年の国内の死者数は約156万9千人。コロナ禍の影響もあって、前年より13万人近く増えました。死者が多い「多死社会」が近年、話題になっています。厳密な定義はありませんが、戦後は年間の死者が70万人前後の時期が長く続いたので、150万人を超える状態は「多死社会」と言ってよさそうです。国立社会保障・人口問題研究所の予測では2040年には年間の死者が約166万5千人でピークを迎えます。

　実は戦前も死者が多い社会でした。子どもや若者が亡くなる例が多かったからです。最多は1918年（大正7年）の約149万人。スペイン風邪（インフルエンザ）が猛威を振るった年です。2022年の死者はこれを越え、太平洋戦争で記録の残っていない一時期を除けば、20、21世紀を通じ最多です。少子高齢化、多死社会の中で高齢者の最後をだれが支えるか。終末期医療、死後事務、お葬式、お墓など終活の各分野に重い課題が残されています。

お墓① 合葬墓、樹木葬

お葬式と同じくお墓も近年がらりと変わり、自分たちに合った選択ができる時代になりました。
合葬墓、樹木葬など新しいタイプも広まっています。その傾向を紹介します。

洋型が主流、多彩な形式

最近建てられるお墓は、墓石が横型（洋式）で「愛」「和」「絆」、あるいは「ありがとう」といったメッセージを入れる例が多くなってきました。お墓を継ぐ人が少なくなり、夫婦でそれぞれの実家の墓を継ぐ例も珍しくありません。そこで、一区画に二つの家の墓石を建て、それぞれ埋葬する「両家の墓」も現れました。「○○家」ではなく、「個人墓」「夫婦墓」も増えま

した。お墓の使用期限を7年、13年などと区切り、後は遺骨を合葬墓に移転する期限付きの制度も設けられるようになりました。お墓の価格はかなり幅があり、一般的なタイプだと、墓石、墓地の使用料など100万円から200万円程度が一つの目安のようです。

広がる樹木葬

樹木葬とは、樹木を墓標代わりにする埋葬形式です。岩手県一関市の祥雲寺（しょううんじ）が1999年に、日本で初めて手がけました。許可を受けて人家に近い里山を墓地とし、都会で墓地不足に悩む人々に開放したのです。石の墓標はなく、遺骨の埋葬場所にヤマツツジなど小花木を植えて、現在は同寺関連の知勝院が運営しています。

ガーデン型が主流

一関市のような「里山型」のほか、日本では遺骨の埋葬地の付近に苗木を植え、樹林に成長させる「樹林型」もあります。こうしたタイプは数が少なく、お墓の周りを樹木や花壇で飾る「ガーデン型」が主流を占めています。大きな木を一本植え、その周りに遺骨を埋葬する「シンボルツリー型」も普及しています。

道内では山林を活用したものはなく、真駒内滝野霊園、藤野聖山園（いずれも札幌市

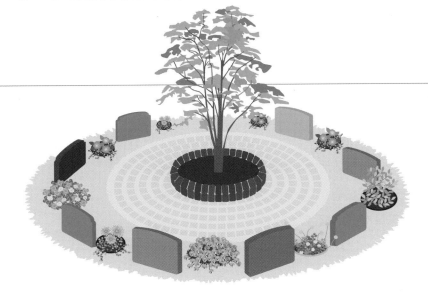

南区）のようにガーデン型が目立ちます。白糠町は町営墓地に樹木葬墓所を用意。石狩市の宗教法人が運営するばらと霊園は、桜の木を多数植えた芝生の敷地に遺骨を埋葬する「八十八ケ所桜葬」を展開

しています。樹木葬の利用料金はかなり幅があり、個別の小さなタイプですと10万円以内で済む場合もありますが、墓石によって100万円以上かかる例もあります。

急増する市町村の合葬墓

道内でもこの10年ほどで急速に普及してきたのは市町村が建てる合葬墓です。共同墓、合同納骨塚などとも呼ばれ、一カ所に不特定多数の人の遺骨を埋葬します。P86以降に70を超える合葬墓の所在地、費用、問い合わせ先などを紹介しています。使用料は5千～3万円程度に設定してい

る例が多く、故人の名前を刻む銘板を設けているところもあります。

市町村営の墓地に、比較的大きな墓碑（モニュメント）を建てるケースが多く、赤平市は屋根付きです。三笠市は屋内施設に設けています。東神楽町は旭川空港に隣接した広々とした町の大雪霊園に一

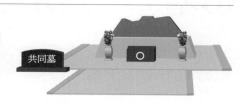

般的な合葬墓のほかに、草木を植えて花が咲く大がかりなガーデニング合葬墓を用意。料金は違いますが、町民以外でも利用できます。また、旭川市は白く高々とそびえるモニュメントが特徴です。

合葬墓のメリットと注意点

市町村の合葬墓のメリットは、埋葬後の管理を市町村がしてくれることで、お墓を継ぐ人がいない場合には大変、好都合です。使用料が低価格で埋葬後の管理費もかかりません。

お参りも自由です。しかし、いったん埋葬すると、遺骨が取り戻せません。宗教儀式は制限を設けているところもあ

ります。利用条件は、亡くなった方がその市町村に住んでいたか、遺骨を管理している方が住民であることが多いのですが、市町村によって違いがあります。

最近は、お寺が境内に合葬墓を作るケースも出てきました。市町村は合葬墓で宗教儀式をしないため、宗教色を求める声が背景にあります。

ペットと入れるお墓

イヌ、ネコなどペットと眠れるお墓も登場しました。民間霊園でペットの合葬墓や、人とペットの遺灰を一緒に埋葬できるお墓が人気を呼んでいます。（P94、95参照）。動物専用のペット霊園とは別の形で、かわいがっていたペットを家族同様に思う人々の心が反映されています。

コラム 「死後離婚」

「夫の家族と一緒のお墓に入りたくない」。夫やその家族と折り合いの悪い女性が、個人のお墓を用意するケースも見かけます。これは「死後離婚」と刺激的な造語で呼ばれることもありました。ただし、夫の墓とは別の墓を選ぶことは相当の決意がいるにせよ、離婚訴訟のような手続きは必要ありません。結婚した女性の遺骨を婚家のお墓に埋葬するのは、決まりがあるわけではなく、社会的慣習で行われているに

すぎないからです。

死後離婚は近年、配偶者の死後、その父母、兄弟姉妹など3親等以内の「姻族」との縁を切ることと説明される例が多くなりました。その手続きは市区町村に、「姻族関係終了届」を提出するだけで済みます。ただし、人の気持ちは時がたてば変わることもあります。決断なさる場合は、くれぐれも慎重に。

お墓② 増える墓じまい

少子高齢化で、管理する人が少なくなって維持が難しいお墓を撤去し、遺骨を移転する「墓じまい」が全国的に増えています。その手順や注意点を紹介します。

墓じまいの手順

遺骨の移転先を調べ検討。家族、親族と十分相談

↓

移転先が決まったら、石材店に見積もりを依頼。納得できれば契約

↓

現在のお墓のある市町村から「改葬許可証」をもらい、移転先の墓地と手続き

↓

お墓の解体、撤去、遺骨の取り出し

↓

遺骨の移転
（新しいお墓、合葬墓、納骨堂、散骨へ）

事前の話し合いが大切

墓じまいには、遺骨の移転先が大きな問題になります。市町村の合葬墓、合同墓のほか、納骨堂への移転、あるいは海上での散骨という手段もあります。

そして、家族、親族と話し合うことが大変重要です。知らないうちにお墓がなくなり、墓参りに行った親族がショックを受ける事例も耳にするようになりました。墓石の撤去は石材店にお願いすることになりますが、複数の業者に見積もりを頼むといいでしょう。お墓の規模によって差がありますが、撤去費用は20万〜30万円が一つの目安のようです。

都道府県別で道内はトップ

近年増えている墓じまいは、正式には「改葬」といいます。2022年度の「改葬」は全国で約15万1千件に上り、都道府県別では、北海道が前年比31%増の1万2243件でなんと1位。次いで東京都（1万915件）、大阪府（7934件）などの順です。北海道は少子高齢化、人口減少がかなり進んでいることに加え、増加する合葬墓が墓じまいの受け皿になっていることをうかがわせています。

逆に改葬が少ないのは福井県が一番で235件、次いで徳島県584件。ほかには山形、秋田、富山、鳥取県と日本海側が目立つのが興味深い特徴です。

コラム 増える無縁墓

少子高齢化で墓じまいが増える一方で、お墓を管理する人が不明な「無縁墓」も目立ってきました。札幌市によると、2023年9月末時点で、3つの市営霊園と市内各所に明治期からある旧設墓地のうち、無縁化が疑われているお墓は、全体の14.6%に当たる約7000件に達しています。こうした墓地を歩くと、やはり手入れがされず草木が生え放題のお墓が目に付きます。周りのお墓が、お参りする人によって手入れが行き届いているので、無縁墓は余計に見るに忍びない感じを受けます。

そんな状況を目にすると、墓じまいは慎重さが求められながらも、無縁墓になるのを防ぐために必要な措置であることが理解できます。無縁墓が目立つ公営墓地では、利用するに当たって一定の期限を決め、墓じまいを代行してもらうような期限制度を検討する時期に来ているのかもしれません。

お墓③　納骨堂、散骨、仏壇

お墓以外にも供養の仕方は多様化しています。お墓の代わりのように道内で普及しているのは納骨堂。一方、海洋での散骨も定着し、家庭では仏壇の小型化傾向が進んでいます。

お墓同様の納骨堂

札幌市東区で2022年に納骨堂を経営する宗教法人が経営破綻した問題で、納骨堂のあり方がクローズアップされました。納骨堂はもともと、遺骨を墓地に納骨する前の一時預かり所のような性格がありましたが、冬でもお参りでき

るため、道内ではお墓同様の施設として広く受け入れられるようになっています。

ただし、遺骨を個別に収める期間は三十三回忌など期限を設け、その後は他の遺骨と合祀される例が多いようです。利用料金は永代供養料を

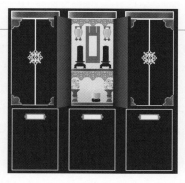

含む初期費用が数十万〜100万円程度で、ほかに管理料がかかる場合もあります。

海洋での散骨

遺骨を細かく砕きパウダー状にして、海洋などにまく散骨が自然に返るイメージで近年、普及してきました。

遺骨をパウダー状にする作業は、散骨を手がけている専門

の業者にお願いできます。道内での散骨は小樽をはじめ、函館、網走、苫小牧など各地の沖合で実施されています。プランはおおむね3つあり、船を一家族が借り切って行うのが個別散骨で、料金の目安は15万〜30万円程度。数組の遺族が船に相乗りして行うのが合同散骨で、料金の目安は10万〜15万円程度。業者に代行してもら

う委託散骨もあり、料金は5万〜10万円程度が目安です。

海洋散骨の注意点は、一度散骨すると遺骨が戻らない点です。この点は合葬墓と同様ですが、海洋はお墓ではありません。このため、一部は遺骨を残してお墓に埋葬するのも一つの方法です。陸上での散骨は、道内では長沼町のように規制している例もあり注意が必要です。

家具調の仏壇

マンションの普及など住宅の洋風化で、コンパクトで家具調の仏壇が普及しています。リビングに置いても違和感のないデザインが受けています。タンスの上に置けるような小型のものも人気です。仏壇が先祖を祀ることから、親しい故人の

メモリアル（記憶）を残すことへと性格が変化してきていることをうかがわせています。小型の仏壇の価格は、1万円程度から数十万円とさまざまです。

小型の仏壇と並んで、遺骨のごく一部をカラフルなミニ骨壺に入れておくなど手元供養

品も、人気を集めています。小型の仏壇に置いたり、遺影と並べて日常的に供養したりすることが多いようです。

道内市町村の合葬墓

自治体が合葬墓を整備する動きは全国的にも広がっています。
ここでは北海道内の市町村が運営する合葬墓を紹介します。

※2023年10月現在の情報です。金額は非課税で原則として1体の価格です。
※利用条件は、遺骨を管理している人（申請者）がその市町村に住んでいるか、故人が住んでいた場合にしているのが基本です。
※費用や利用条件、生前予約が可能かどうか、埋葬の日時など詳細は、市町村によって異なります。
※申し込みが必要です。必要な書類については担当窓口にお問い合わせください。
※遺骨はいったん埋葬すると取り戻せません。家族・親族で慎重に検討する必要があります。

● 札幌

札幌市 合同納骨塚	住所：札幌市豊平区平岸5条15丁目1－1　平岸霊園内　　費用：9,100円 問い合わせ先：札幌市平岸霊園管理事務所　　電話番号：011-831-6980 備考：◇生前予約不可 　　　◇現在札幌市に住所を有し、ご遺族の遺骨（焼骨）を管理する方

● 石狩

江別市 合同墓	住所：江別市対雁　市営墓地やすらぎ苑内　　費用：8,000円 問い合わせ先：江別市生活環境部市民生活課　　電話番号：011-381-1094 備考：◇生前予約不可
千歳市合葬墓 （千縁塚）	住所：千歳市稲穂2丁目15　末広第一霊園内　　費用：5,000円 問い合わせ先：千歳市市民環境部市民生活課　　電話番号：0123-24-0261 備考：◇生前予約可
恵庭市 合同納骨塚 （庭縁塚）	住所：恵庭市西島松253－1他　恵庭墓園内　　費用：15,000円 問い合わせ先：恵庭墓園管理事務所　　電話番号：0123-36-5600 備考：◇生前予約可（満65歳以上、有効期間20年）
北広島市 慰霊堂	住所：北広島市仁別329　北広島霊園内 費用：27,000円（15歳未満は23,000円） 問い合わせ先：北広島市市民環境部環境課 電話番号：011-372-3311（内線4123） 備考：◇生前予約可（満65歳以上、独居の市民に限る）
石狩市 合同納骨塚	住所：石狩市親船町1－38　親船墓地内　　費用：12,000円 問い合わせ先：石狩市環境市民部環境課　　電話番号：0133-72-3240 備考：◇生前予約不可

● 小樽・後志

小樽市 合同墓	住所：小樽市緑5　中央墓地内　　　費用：5,000円 問い合わせ先：小樽市生活環境部戸籍住民課　　　電話番号：0134-32-4111 備考：◇生前予約不可
倶知安町 合同納骨塚	住所：倶知安町字旭79　町営旭ヶ丘霊苑内　　　費用：10,000円 問い合わせ先：倶知安町住民環境課　　　電話番号：0136-56-8008 備考：◇申請者が町民以外の場合15,000円　◇生前予約不可

● 空知管内

岩見沢市 緑が丘霊園 納骨塚	住所：岩見沢市緑が丘287　緑が丘霊園内　　　費用：12,000円 問い合わせ先：岩見沢市環境保全課　　　電話番号：0126-35-4387 備考：◇生前予約不可　※利用条件あり
美唄市 合同墓	住所：美唄市光珠内町3区　　　費用：30,000円 問い合わせ先：美唄市生活環境課　　　電話番号：0126-62-3145 備考：◇生前予約可　申請者が市外の場合は50,000円
滝川市 合同墓	住所：滝川市北滝の川2026−1　滝の川墓地内　　　費用：26,000円 問い合わせ先：滝川市くらし支援課　　　電話番号：0125-28-8013 備考：◇生前予約不可
赤平市 合同墓	住所：赤平市若木町東9−15　豊里墓地内　　　費用：15,000円 問い合わせ先：赤平市市民生活課　　　電話番号：0125-32-2215 備考：◇申請者が市民以外の場合22,500円 　　　◇生前予約可　◇記名板あり（有料）
三笠市 合葬墓	住所：三笠市清住町244−1　旧清住火葬場内　　　費用：35,000円 問い合わせ先：三笠市市民生活課　　　電話番号：01267-2-3189 備考：◇生前予約不可 　　　◇記名板あり（使用料2,000円、記名板作成費は別途料金）
砂川市 合同墓	住所：砂川市北吉野町298　北吉野墓地内　　　費用：8,000円 問い合わせ先：砂川市市民部市民生活課　　　電話番号：0125-74-4769 備考：◇生前予約不可
深川市 合同墓 「やすらぎの丘」	住所：深川市一已町一已2502　一已墓地内　　　費用：12,000円 問い合わせ先：深川市市民福祉部市民生活課　　　電話番号：0164-26-2444 備考：◇納骨袋を使用する場合13,000円 　　　◇生前予約可（満65歳以上、または配偶者、1親等の血族および姻族がいない場合。また「祭祀の主宰者」の選定が必要）

長沼町 伏古墓地合葬墓	住所：長沼町東6線北7番地　伏古墓地内　　　費用：50,000円 問い合わせ先：長沼町税務住民課　　　電話番号：0123-76-8012 備考：◇生前予約不可

● 日高・胆振

室蘭市 共同墓	住所：室蘭市神代町115-2　望洋台霊園内　　　費用：8,500円 問い合わせ先：室蘭市生活環境部戸籍住民課　　　電話番号：0143-25-2382 備考：◇生前予約可（「責任埋蔵者」の選定が必要）　◇墓誌板あり（有料）
登別市 共同墓	住所：登別市富浦町186　第二富浦墓地内　　　費用：15,600円 問い合わせ先：登別市市民生活部市民協働グループ 電話番号：0143-85-2139 備考：◇生前予約可（「埋蔵責任者」の選定が必要）
苫小牧市 共同墓	住所：苫小牧市高丘70-5　高丘第二霊園内　　　費用：11,000円 問い合わせ先：苫小牧市環境衛生部環境生活課　　　電話番号：0144-32-6333 備考：◇生前予約不可。 　　　親族がいない場合に限り、生前に「共同墓埋蔵希望届」を提出できる。
白老町 共同墓	住所：白老町字白老816　白老霊園内　　　費用：9,000円 問い合わせ先：白老町生活環境課　　　電話番号：0144-82-2265 備考：◇生前予約不可
厚真町 合同納骨施設 ／ 合同墓	住所：厚真町字宇隆387厚真中央霊園内／厚真町新町10番地厚真中央墓地内 費用：10,000円 問い合わせ先：厚真町住民課町民生活グループ　　　電話番号：0145-26-7871 備考：◇生前予約不可 　　　◇合同納骨施設の納骨期間は5年が限度（合同墓への移転改葬） 　　　◇町民であることなどの使用者制限あり
安平町 共同墓	住所：安平町早来栄町164早来墓地内／安平町追分青葉1丁目165追分墓地内 費用：30,000円 問い合わせ先：安平町税務住民課 生活環境グループ 電話番号：0145-22-2940 備考：◇生前予約不可、町民以外の申請は50,000円
むかわ町 共同墓	住所：むかわ町汐見 宮戸霊園地内、むかわ町穂別 穂別霊園内 費用：10,000円 問い合わせ先：むかわ町町民生活課　　　電話番号：0145-47-7150
新ひだか町 合葬墓	住所：新ひだか町静内花園47-8　新静内霊園内　　　費用：10,000円 問い合わせ先：新ひだか町保健福祉部生活環境課 電話番号：0146-49-0289 備考：◇生前予約不可

新冠町 合葬墓	住所：新冠町字高江489－8判官館霊園内　　　費用：5,000円 問い合わせ先：新冠町町民生活課町民生活グループ 電話番号：0146-47-2112 備考：◇生前予約不可　◇この他遺骨紛骨の費用が必要
平取町 合葬墓	住所：平取町本町111－1　平取町共同墓地内　　　費用：10,000円 問い合わせ先：平取町町民課　　　電話番号：01457-4-6113 備考：◇生前予約不可、記名板あり（有料）
浦河町 合葬墓	住所：浦河町常盤町210－2　常盤町共同墓地内　　　費用：25,000円 問い合わせ先：浦河町町民課　　　電話番号：0146-26-9001 備考：◇生前予約不可　◇記名板あり（有料）

● 渡島・檜山

北斗市 野崎霊園 合葬式墓地	住所：北斗市野崎101－5　野崎霊園内　　　費用：12,000円 問い合わせ先：北斗市市民部環境課　　　電話番号：0138-73-3111（内線263） 備考：◇記名板あり（有料） 　　　◇生前予約可（満65歳以上。納骨予定者の選定が必要）
七飯町 合同納骨塚	住所：七飯町桜町532　桜町共同墓地内　　　費用：15,000円 問い合わせ先：七飯町環境生活課　　　電話番号：0138-65-2516 備考：◇生前予約不可
森町 公設合葬墓	住所：森町上台町326　森墓地内　　　費用：5,000円 問い合わせ先：森町住民生活課住民年金係　　　電話番号：01374-7-1084 備考：◇生前予約不可
今金町 公設合葬墓	住所：今金町字八束18－6　やすらぎ霊園内　　　費用：5,000円 問い合わせ先：今金町くらし安心課　　　電話番号：0137-82-0111 備考：◇申請者が町民以外の場合5,500円　◇生前予約不可　◇記名板あり（有料）
八雲町合葬墓 ／ 熊石合葬墓 ／ 落部合葬墓	住所：（八雲町合葬墓）八雲町豊河町11－1　八雲墓地内 　　　（八雲町熊石合葬墓）八雲町熊石根崎町619　根崎墓地内 　　　（八雲町落部合葬墓）八雲町入沢357　落部墓地内 費用：30,000円～75,000円 問い合わせ先：八雲町環境水道課／八雲町熊石住民サービス課／八雲町落部支所 電話番号：（八雲地区）0137-63-2020／（熊石地区）01398-2-3111／ 　　　　　（落部地区）0137-67-2231 備考：◇申請者または故人が町民か町民以外で料金が異なる 　　　◇町民のみ生前予約可　◇記名板あり（有料）
知内町 合同納骨塚	住所：知内町字元町127　知内町墓地内　　　費用：5,000円 問い合わせ先：知内町生活福祉課　　　電話番号：01392-5-6161 備考：◇生前予約不可　◇記名板あり（有料）

鹿部町 合葬式墓地	住所：鹿部町鹿部218−1　鹿部墓地内　　　費用：50,000円から 問い合わせ先：鹿部町民生課　　　電話番号：01372-7-5290 備考：◇記名板あり（有料）
福島町 合葬式墓地	住所：福島町福島　福島町墓地公園内　　　費用：10,000円 問い合わせ先：福島町町民環境課　　　電話番号：0139-47-3001 備考：◇生前予約可

● 旭川・上川

旭川市 共同墓	住所：旭川市東旭川町倉沼62　旭川聖苑敷地内 費用：旭川市民26,000円／近隣8町の町民39,000円ほか 問い合わせ先：旭川市市民生活部市民生活課　　　電話番号：0166-25-5150 備考：◇生前予約不可 　　　◇申請者が市民以外の場合は費用が異なる可能性あり 　　　◇近隣8町…鷹栖町、東神楽町、当麻町、比布町、愛別町、上川町、 　　　　　　　　東川町、美瑛町
富良野市 合同墓	住所：富良野市北扇山3　富良野墓地内　　　費用：17,000円 問い合わせ先：富良野市コミュニティ推進課　　　電話番号：0167-39-2311 備考：◇生前予約不可
士別市 合同墓	住所：士別市南士別町1871−68　しべつ霊園内　　　費用：13,000円 問い合わせ先：士別市建設環境部都市環境課　　　電話番号：0165-26-7734 備考：◇生前予約不可　◇申請者が市民以外の場合、要件によって19,500円
名寄市 合同墓	住所：名寄市字緑丘205−2　緑丘霊園内　　　費用：15,000円 問い合わせ先：名寄市市民部環境生活課　　　電話番号：01654-3-2111 備考：◇生前予約不可
上川町 共同墓	住所：上川町東町167　上川中央墓地内　　　費用：6,000円 問い合わせ先：上川町税務住民課　　　電話番号：01658-2-4051 備考：◇生前予約不可　◇芳名板あり（有料）
東神楽町 合葬墓	住所：東神楽町東1線12号　大雪霊園 費用：大雪霊園合葬墓 26,000円　ガーデニング合葬墓 112,000円 問い合わせ先：東神楽町くらしの窓口課　　　電話番号：0166-83-5402 備考：◇生前予約不可。 　　　◇町民以外の申請は合葬墓が39,000円、ガーデニング合葬墓168,000円
比布町 共同墓	住所：比布町北6線7号　　　費用：20,000円 問い合わせ先：比布町税務住民課　　　電話番号：0166-85-4803 備考：◇生前予約不可　◇町外からの申請は40,000円　◇収蔵は20年間

● 留萌・宗谷

留萌市 合同墓	住所：留萌市沖見町6　留萌市営墓地内　**費用**：30,000円 **問い合わせ先**：留萌市都市環境部環境保全課　　　**電話番号**：0164-42-1806 **備考**：◇生前予約不可
稚内市 合葬墓	住所：稚内市裏山地　稚内霊苑　　**費用**：20,000円 **問い合わせ先**：稚内市生活衛生課　　　**電話番号**：0162-23-6181 **備考**：◇生前予約可
小平町 合同墓	住所：小平町字小平町444－1　　**費用**：15,000円 **問い合わせ先**：小平町生活環境課　　　**電話番号**：0164-56-2111 **備考**：◇生前予約不可
増毛町 合同墓	住所：増毛町暑寒沢104　　**費用**：20,000円（町内に本籍、住所ある人） **問い合わせ先**：増毛町企画財政課　　　**電話番号**：0164-53-1110 **備考**：◇生前予約不可　◇過去に町内に本籍、住所があった人は40,000円
猿払村 合葬堂	住所：猿払村鬼志別北町144　新鬼志別墓地内　　**費用**：20,000円 **問い合わせ先**：猿払村住民課　　　**電話番号**：01635-2-3133 **備考**：◇生前予約不可 　　　◇合葬前に個別に預かる納骨棚50,000円（期限3年）がある
枝幸町 合葬墓	住所：枝幸町新港町5196－2　枝幸墓園敷地内　　**費用**：15,000円 **問い合わせ先**：枝幸町町民課環境生活係　　　**電話番号**：0163-62-1237 **備考**：◇生前予約不可　◇ペットは町内は7,500円

● 帯広・十勝

帯広市 中島霊園 合同納骨塚	住所：帯広市西21条北5丁目9　中島霊園内　　**費用**：7,200円 **問い合わせ先**：帯広市総務部総務室戸籍住民課　　　**電話番号**：0155-65-4144 **備考**：◇申請者が市民以外の場合8,800円　◇生前予約不可
池田町 合同納骨塚	住所：池田町字清見312　池田共同墓地内 **費用**：町民10,000円／町民以外15,000円 **問い合わせ先**：池田町町民課環境住宅係　　　**電話番号**：015-572-3114 **備考**：◇申請者が町民以外の場合15,000円　◇生前予約不可
音更町 合同納骨塚	住所：音更町字東和西3線音更霊園内　　**費用**：10,000円 **問い合わせ先**：音更町町民生活部環境生活課　　　**電話番号**：0155-42-2111 **備考**：◇生前予約不可

● 北見・オホーツク

北見市 北見ケ丘霊園 合同納骨塚	住所：北見市南丘1　北見ケ丘霊園内 費用：市民5,000円／市民以外7,500円 問い合わせ先：北見市環境課　　　電話番号：0157-25-1131 備考：◇生前予約不可　◇墓誌板あり（有料）
紋別市 合葬墓	住所：紋別市大山町4－25－20　紋別墓園内　　　費用：30,000円 問い合わせ先：紋別市環境生活課　　　電話番号：0158-24-2111 備考：◇生前予約可
網走市 合葬墓	住所：網走市字潮見272番地の1　潮見墓園内　　　費用：20,000円 問い合わせ先：網走市生活環境課環境対策係 電話番号：0152-44-6111（内線405） 備考：◇生前予約可（合葬墓主宰者の選定が必要）　◇墓誌板あり（有料）
訓子府町 合葬墓	住所：訓子府町字穂波48－2　訓子府墓地第2区内　　　費用：20,000円 問い合わせ先：訓子府町町民課　　　電話番号：0157-47-2203 備考：◇生前予約不可　◇墓誌板あり（有料）
遠軽町 六郷合葬墓	住所：遠軽町生田原水穂168　水穂墓地内　　　費用：30,000円 問い合わせ先：遠軽町住民生活課　　　電話番号：0158-42-4812 備考：◇生前予約不可　◇墓誌板あり（有料）
斜里町 合葬墓	住所：斜里町朝日1　オホーツク霊園内　　　費用：10,000円 問い合わせ先：斜里町環境課　　　電話番号：0152-26-8217 備考：◇申請者が町民以外の場合20,000円 　　　　◇生前予約可 　　　（満65歳以上、納骨する主宰者が必要、有効期間20年）
清里町 合同納骨塚	住所：清里町字神威1125　神威墓地内　　　費用：10,000円 問い合わせ先：清里町町民課町民生活グループ 電話番号：0152-25-3577 備考：◇生前予約不可
津別町合葬墓	住所：津別町字豊永43－1　　　費用：6,000円 問い合わせ先：津別町住民企画課　　　電話番号：0152-77-8377 備考：◇生前予約可
湧別町合同墓	住所：湧別町東145　　　費用：15,000円 問い合わせ先：湧別町住民税務課 電話番号：01586-2-5863
小清水町 合同納骨塚	住所：小清水町字泉90－2　小清水葬斎場内　　　費用：5,000円 問い合わせ先：小清水町町民生活課住民活動係 電話番号：0152-62-4472 備考：◇芳名碑あり（有料）◇生前予約可（65歳以上、主宰者の選定が必要）

大空町 合同納骨塚	住所：大空町女満別昭和186－1　女満別共同墓地内　　費用：9,500円～ 問い合わせ先：大空町住民課　　電話番号：0152-74-2111 備考：◇生前予約可（満65歳以上で主宰者の選定が必要）
美幌町 合同納骨塚	住所：美幌町元町26　市街共同墓地内 費用：6,000円（生前予約の場合15,000円） 問い合わせ先：美幌町建設部環境管理課　　電話番号：0152-77-6550 備考：◇生前予約可（65歳以上、主宰者の選定が必要）
雄武町 合葬墓	住所：雄武町字雄武1566－1　雄武墓地内　　費用：10,000円 問い合わせ先：雄武町住民生活課　　電話番号：0158-84-2121 備考：◇故人が町民以外の場合20,000円 　　　◇生前予約可（満65歳以上、主宰者の選定が必要）
興部町 合葬墓	住所：興部町字興部1056番地　興部墓地内　　費用：10,000円 問い合わせ先：興部町住民課　　電話番号：0158-82-2164 備考：◇生前予約可（満65歳以上、主宰者の選定が必要）
西興部村 合葬墓	住所：西興部村字西興部341番地　西興部共同墓地内　　費用：10,000円 問い合わせ先：西興部村住民生活課　　電話番号：0158-87-2114 備考：◇町外在住者　20,000円
佐呂間町 合葬墓	住所：佐呂間町字西富282－2　佐呂間墓地内　　費用：15,000円 問い合わせ先：佐呂間町町民課　　電話番号：01587-2-1213 備考：◇生前予約不可

● 釧路・根室

根室市 市民墓	住所：根室市西浜町3－5　西浜町墓地内　　費用：10,000円 問い合わせ先：根室市市民環境課 電話番号：0153-23-6111（内線2130） 備考：◇申請者が市民以外の場合16,000円　◇生前予約可
別海町 合葬墓	住所：別海町別海402番地1　べつかい霊園内　　費用：10,000円 問い合わせ先：別海町福祉部町民課　　電話番号：0153-74-9647 備考：◇申請者が町民以外の場合16,000円　◇生前予約不可
白糠町 合葬墓	住所：白糠町坂の丘公苑墓地　　費用：15,000円 問い合わせ先：白糠町町民サービス課生活環境係 電話番号：01547-2-2171 備考：◇生前予約可　◇申請者が町内にゆかりがない場合は別料金

ペットと一緒に入れる
お墓・納骨堂、ペットの合葬墓

最近はペットと一緒にお墓に入ることを希望する人が増えており、
道内でも人とペットを一緒に埋葬するプランを設ける墓地や納骨堂が増えています。
ここではそうしたプランやペットの合葬墓を紹介します。

※2023年10月現在の情報です。
※費用や条件、生前予約などについては各団体の窓口にお問い合わせください。

● ペットと一緒に入れる主なお墓・納骨堂

真駒内 滝野霊園	**住所：**札幌市南区滝野2 **電話番号：**011-592-1223 **プラン：**◇供養墓…One Family（2人＋ペット4匹まで） 　　　　総額88万円〜ほか 　　　　※墓所、墓石、管理料一括、供養料すべて込み
藤野 聖山園	**住所：**札幌市南区藤野901 **電話番号：**011-592-1350 **プラン：**◇バラと眠る樹木葬（ペットと一緒に眠れる共葬区） 　　　　永代使用料25万円〜ほか
石狩 はまなす墓苑	**住所：**石狩市八幡2丁目343 **電話番号：**0133-66-4242 **プラン：**◇Withファミリー…4平方メートル区画　墓所使用料20万円〜、 　　　　墓所管理料年額4,400円〜ほか 　　　　※別途墓石代などが必要 　　　　◇Sweetファミリー…130万円 　　　　※墓石代、永代使用料、永代管理料付き
北海道 中央霊園	**住所：**三笠市大里334 **電話番号：**0120-39-4101 **プラン：**◇スマート墓地…50万円〜53万円 　　　　◇樹木葬　14万6千円（2体）〜 　　　　※いずれも永代供養付き、永久埋葬、年間管理料不要
あじさい 墓所	**住所：**函館市東山1−7−3 **電話番号：**0138-53-7070 **プラン：**◇墓地と墓石セット…93万円 　　　　※墓石、永代使用権込み、年間管理料不要

納骨堂てらす 東照寺	住所：札幌市東区東雁来町357－3 電話番号：0120-555-052 プラン：◇個別納骨プラン…28万6千円のみ対象。 　　　　別途ペットプラン…3万円、ペットの粉骨代1万1千円が必要 　　　　※納骨の20年後に合葬
納骨堂てらす 弘隆寺	住所：恵庭市文京町4丁目8－20 電話番号：0120-505-115 プラン：◇個別納骨プラン…28万6千円のみ対象。 　　　　別途ペットプラン…3万円、ペットの粉骨代1万1千円が必要 　　　　※納骨の20年後に合葬

● ペット専用の合葬墓がある主な墓地

真駒内 滝野霊園	住所：札幌市南区滝野2 電話番号：011-592-1223 プラン：◇使用料1体3万3千円 　　　　※犬、猫、小動物が対象、名前プレートは3年間掲示、その後は銘板 　　　　に永代掲示
藤野 聖山園	住所：札幌市南区藤野901 電話番号：011-592-1350 プラン：◇使用料1体1万9250円　※犬、猫、鳥以外は要相談
ばらと 霊園	住所：石狩市生振587－1 電話番号：0133-64-1987 プラン：◇1体3万5千円　※永代供養料、絵馬付き
石狩はまなす 墓苑	住所：石狩市八幡2丁目343 電話番号：0133-66-4242 プラン：◇使用料1体5500円〜　※ほかに個別埋葬プランもあり
北海道 中央霊園	住所：三笠市大里334　　　　電話番号：0120-39-4101 プラン：◇使用料5,500円 　　　　※永代供養付き、年間管理料不要、2015年5月以降、霊園に個人墓を 　　　　建立した場合は無料
春光の丘 霊園	住所：旭川市春光台5条7丁目 電話番号：0166-50-2100 プラン：◇小型、中型犬、猫1万1千円など 　　　　※納骨堂で一定期間預かったのち、合葬

編集後記

　終活の知識を基礎にした「私のくらし人生帳」の感想はいかがだったでしょうか。編集作業を通じて自問自答しました。「終活って特別なものだろうか」「そうかな。終活の知識は現代の超高齢社会に必要な常識に近い。そう、とらえる方がいいのでは」と。例えば生活しやすくするための生前整理や、トラブルを避ける遺産分割、介護や住み替え…。終活は「死に支度」という特殊な分野から、暮らしの大事なノウハウ、知識の分野にそろそろ融合していく時期かもしれません。それは、ちょうど洋風のリビングにマッチした家具調仏壇が現れたように。私のくらし人生帳が、そんな役割の一端を担えれば幸いです。

執筆・監修　シニアライフ評論家　福田淳一（元北海道新聞編集委員）

企画・編集
片山由紀（北海道新聞社）

ブックデザイン・DTP
若井理恵／中島みなみ（北海道新聞社）

校閲協力
山田敦子（行政書士、一級ファイナンシャル・プランニング技能士）

北海道発「100年時代」の 私のくらし人生帳

2024年3月9日　初版第1刷発行

編　者　北海道新聞社
執筆・監修　福田淳一（元北海道新聞編集委員）
発行者　近藤　浩
発行所　北海道新聞社
　　　　〒060-8711　札幌市中央区大通西3丁目6
　　　　出版センター（編集）電話011-210-5742
　　　　　　　　　　　　（営業）電話011-210-5744
印刷製本　株式会社アイワード

「私のくらし人生帳」の狙いや使い方について、執筆者の福田淳一さんがわかりやすく説明する動画を配信しています。上記のコードを読み取って、ご活用ください。